你能放下多少，幸福就有多少

如云 著

当代世界出版社

图书在版编目(CIP)数据

你能放下多少 幸福就有多少/如云著.—北京:当代世界出版社,2009.10
ISBN 978-7-5090-0549-1

Ⅰ.你… Ⅱ.如… Ⅲ.成功心理学—通俗读物 Ⅳ.B848.4-49

中国版本图书馆 CIP 数据核字(2009)第 168780 号

著作权合同登记号:图字 01-2009-5689

本书中文简体字专有使用权归当代世界出版社所有

书　　名:你能放下多少 幸福就有多少
出版发行:当代世界出版社
地　　址:北京市复兴路4号(100860)
网　　址:http://www.worldpress.com.cn
编务电话:(010)83907528
发行电话:(010)83908410(传真)
　　　　　(010)83908408
　　　　　(010)83908409
　　　　　(010)83908423(邮购)
经　　销:新华书店
印　　刷:北京鹏润伟业印刷有限公司
开　　本:710×1000　1/16
印　　张:17
字　　数:221千字
版　　次:2009年10月第1版
印　　次:2009年10月第1次印刷
书　　号:ISBN 978-7-5090-0549-1
定　　价:29.80元

如果发现印装质量问题,请与承印厂联系调换。
版权所有,翻印必究;未经许可,不得转载!

序

    当我看到这个书名的时候感悟很多。

    你能放下多少，幸福就有多少。这不就正是人生寻找幸福的真正诀窍吗？

    几年前我曾经遇到过这样的一件小事：我看到有一个小朋友蹲在路边哭得很伤心，于是就好心地上前询问他到底怎么了。

    小朋友哭着回答："我的硬币掉进水沟里面啦！"

    我看小朋友哭得这么伤心，就连忙从口袋里掏出一枚硬币给他。但是没想到小朋友比刚刚哭得更伤心了。

    我很奇怪地问："小朋友，我已经给了你一枚硬币了，为什么你还哭呢？"小朋友擦去脸上的泪水哽咽地说：“如果刚才没有掉了那个硬币，那现在我就有两枚硬币了。”

这么小的孩子就无法放下心中的枷锁，那么我们这些被物质世界熏陶透了的大人们呢？

人生就像是坐火车一样，每一站都有不同的风景，过了站就不要再遗憾。这是多么豁达的心境，但是又有多少人能真正的做到呢？

在湍急的河岸边，有两个和尚正要渡河，正巧岸边有位姑娘也要过河。由于河水高涨，不易渡河，其中一名年长的和尚说：“姑娘，这河水既深又急，请让老朽背你过河吧。"

姑娘一听，点头道谢后，就让和尚背她过河了。

过了河，年长的和尚放下了姑娘，姑娘感谢后离去。

两名和尚走了一段路程之后，另一位较为年轻的和尚对着年长的和尚说：“师兄，出家人怎么可以亲近女色呢？刚刚您怎么可以背那位姑娘呢？”

年长的和尚听了，从容地说：“我早已放下了，怎么你还未放下呢？”

放下就是一种幸福,幸福就那么简单。学会放下自己心中零乱的思绪,放下那些一直在心里发酵的情感,放下自己无形中一直在累积的压力,放下自己那份盲目的追逐,也放下背在背上的甲壳和阴影……我想,人是该学着凡事都以一个最平常的心态去看待,把曾经规劝别人的话,也用到自己身上来。我想,人该试着一点点去放下某些人,某些事。有些东西,无法忘却,但至少可以淡化。有些心情太沉重、想念太泛滥,那就试着沉淀。

试着轻轻放下那些该放下的,什么压力、什么烦恼都统统靠边站吧!放下自己的舍不得之心,来成就一份幸福……

自　序

在十几年前,我只是一位甫出社会,心中对这人世间存有太多的疑问与满脑子烦恼的女孩,于是激发我想寻找心灵安定的动力;所幸在我迷失无助的期间,得遇高境大师指引,感恩大师打破我的无明,启发我的智慧。而此本书所写的,正是我这些年来点滴的生活体验,与对人生观的另一番洞见。

因目前从事"命理谘商"的工作,因而有幸共同参与朋友们的生活,分享彼此的心情故事。曾有一位家境富裕的年轻女孩说:"虽然我的家庭环境,让我的物质生活不曾匮乏,可是我却不曾感到幸福。"我问她为何会这么想,她说:"从小父母离异,我与父亲一起生活,他十分疼爱我,可是在父亲的想法里,幸福是可以用金钱买到的；可是我却不这么认为，因为钱买不到我心里的快乐。"

或许有些人会想，她真是一个不知足的女孩，已经拥有令人羡慕的一切，还说没幸福？

也许该换个角度来看：当一个人肚子饿时，却又没有钱买饭，如果此时能给他一个香喷喷的便当，能吃上一口他就感到无比的幸福满足！"

但相反的，对衣食丰足的人而言，物质生活的一切却是唾手可得，根本无法让内心中的幸福感发酵，而唯一能够让他感到幸福的，唯有使心灵中那片荒芜之地，开满心灵之花，成为美丽的宝地，此际幸福的芬芳，方能弥漫心底……

西鲁斯曾说过："心灵的痛苦远胜肉体的痛苦。"

如何让心灵远离烦恼痛苦，来解开心灵的枷锁，找回内心的平静幸福感，是此书想带给读者的新思维，一种简单轻松的人生观，与悠然自在的生活方式。

罗素也说："幸福的生活，在大体上，必须是宁静的生活。因为，唯有在宁静的气氛中，才能产生真正的欢乐。"

也唯有在看似平凡宁静的生活中，方能触发内心

真正的喜乐与幸福。

此书的诞生,如同一场寻宝之旅,听闻心灵深处有座布满奇珍异宝的山,为此,无论如何也要一探究竟!

孤身独行在崎岖不平的山路,的确有几分的落寞胆怯,不知前行之路是否会遭逢危难?

进入宝山,"方知岁月幽幽过,几许乌云留心头,清风拂落心中尘,轻盈身躯迅如飞。"

入宝山岂能空手而回,带回的"心灵宝藏",于本书中依次的分享给各位读者,愿透过文字无声的传递,开启你我的心门,找寻心门之内无价的智慧宝藏!

其实幸福是无需找寻的,因为你愈是想捕追它,它反而离你更遥远;仅有让自己不断累积智慧的能量,有一天你就会发现,其实幸福早在你的身边!

第1篇　解开心灵的枷锁

如果你如同一滴冰水，最后终将汇集成为一条冰河，却不自觉地冰冻禁锢着……

天使与魔鬼的挑战　　　　　　　　002

别让恨意吞噬自己　　　　　　　　008

卸除骄傲的外衣　　　　　　　　　013

思想转个弯　　　　　　　　　　　017

转换错误的智慧　　　　　　　　　021

出气能消气？　　　　　　　　　　026

心灵的冰山　　　　　　　　　　　031

妒嫉是万丈深渊　　　　　　　　　036

极度包装下的伪装　　　　　　　　041

远离世俗的期待　　　　　　　　　045

成功可以很容易　　　　　　　　　050

第2篇　消除爱情的魔咒

怎料总在繁华落尽之后,爱上浑然天成的自己,喜欢驻足倾听自然天籁,触动心灵的挚爱!

放开经验的伤痕	056
知足的幸福	060
爱情七十二变	065
坚强,它不是你的名字	070
幸福的缺口	075
真爱有条件吗?	080
真爱盟约	085
等待的理由	090
爱的能量	094
爱与美食的绝妙关系	099
宠爱其实是"害"	103
爱情恐惧症	107

第3篇 拿起智慧的钥匙

流转在物欲的世界里,却自以为是走在时代的尖端,殊不知可能被流行的浪潮,吞噬掉自己。

顺势而为,逆流而上	**112**
转换心中的牛角	**117**
住在幽灵国里的人	**122**
你的心灵很清澈吗?	**127**
透视分别心	**132**
寻找人生的定位	**137**
助人的哲学	**142**
拥有不代表快乐	**147**
心灵纾压 SPA	**152**
心灵的归宿	**156**
小聪明与大智慧	**161**

第4篇　最大的幸福就是放下

生命的原动力，为了自己与所爱的人而奋发努力，倘若能激起内心那份甜蜜的动能，纵然辛苦也甘之如饴！

真正的自信	167
你是哪种人？	172
人生的戏码	177
生命的羽翼	182
感谢曾让你伤心的人	186
远离寄居蟹的生活模式	191
平衡挫折感	195
希望的勇气	199
幸福动能	203
欢笑背后的酸苦	208
生命如梦初醒	212

附录

一、打开幸福人生的 45 把钥匙　　　　217

二、成功格言　　　　222

第 1 篇
解开心灵的枷锁

人生有如流水，
你可以成为一条奔腾的大河，
也可以变成一块禁锢的坚冰。
过分追求名利，
就是给自己的心灵套上沉重的枷锁。
心灵的枷锁是一道封印，
它会封掉你的快乐和幸福。
心灵的枷锁是一种束缚，
它能增加你的负担和痛苦。
戴着枷锁的心灵永远都看不
到阳光的灿烂。
只有自己才能束缚自己的心，
也只有自己才能解开心灵上的枷锁。
解铃还须系铃人。
只要你心中有海，
眼中自然就能看到海。

天使与魔鬼的挑战

人无分善恶,一个人本来就存在着善恶两面。

——高境大师

其实,自己正是自己最大的敌人,我们时常陷入自相矛盾中,能够战胜自己,从中挣脱而出,将是最大的胜利者。

"对你而言,你是否曾想过,生气发怒时的那个人是你,还是仁慈和善的那个人是你呢?"

常言:"善变的人生",其实人类不正也如此吗?一个人的"喜怒哀乐",无时无刻不正是随着心情与外在环境而转变吗?

在基督教里,认为代表仁慈善良的一方为"天使",代表恐怖邪恶的一方为"魔鬼"。

因此,从古至今,相同的剧情与戏剧就不断地上演着,也很自然地被灌输着须远离魔鬼邪恶的一方,因为终有一天代表"正义善良"的一方,必定战胜邪恶的魔鬼。

第1篇　解开心灵的枷锁

在现实的生活中,我们也常在心中树立着"竞争假想敌",比如,有些女人说:"林志玲是我心中的假想敌,因为她拥有令众多男人垂涎欲滴的天使般的脸孔,魔鬼般的身材,倘若我的外表条件,能够打败她,那我就可以成为'女人中的女人了'!"

相对的,有些男人却视郭台铭为假想敌,因为他拥有万贯财富,名望地位,并且是女人逢迎巴结的对象,满足了男人心中的想望欲求。

假如你心中也有自己的假想敌,看来是值得开心之事,只要你能将心中看似灰暗的想法,转变成为正面的积极态度,并且没有做出任何伤害性的行为,却也不失可以激励我们不断积极向上挑战的动力。

不知你是否曾想过?天使与魔鬼本是同一人,无时无刻正在"自己拉拔交战"着,因此,别对自己或他人太早"妄下断语",千万别因个人的"喜恶观点",而对他人有肯定式的评语,如:此人"仁慈善良";那人则是"做恶多端",此种决断式的评语,会误导自己的判断与思考。

所以,人们常被看似"慈悲善良"之人所欺骗,正

自己正是自己最大的敌人。

宇宙种子

世界上最宽阔的东西是海洋，比海洋更宽阔的是天空，比天空更宽阔的是人的心灵。

因自己"不疑有他"的相信，却不知天使的对面，正站着魔鬼咧嘴冷冷地嘲笑你……

听长辈说过一则动人的故事——很早以前，一个偏远山区的村落里，住着一位小有名气的雕刻师傅。因为这位师傅的雕刻技巧不错，所以附近一个村庄的寺庙，就邀请他去雕刻一尊"菩萨的像"。

可是，要到达那个村庄，必须越过一个山头与一片森林；偏偏这座山传说"闹鬼"，有些想越过山的人，若夜晚仍滞留在山区，就会被一个极为恐怖的女鬼杀死。因此，许多亲人、朋友就力劝雕刻师傅，等隔日天亮时再启程，免得遇到不测。

不过，师傅深怕太晚动身会误了和别人约定的时辰，即感谢大家的好意而只身赴约。走啊走，天色逐渐暗淡，月亮、星星也都出来了，这位师傅突然隐约发现——咦！

前面怎么有一名女子坐在路旁，草鞋也磨破了，似乎十分疲倦、狼狈。师傅于是探询这名女子，是否需要帮忙？当师傅得知该女子也是要翻越山头到邻村去，就自告奋勇地背她一程。

月夜中，师傅背着她，走得汗流浃背后，停下来休

第 1 篇　解开心灵的枷锁

息。此时，女子问师傅："难道你不怕传说中的女鬼吗？为什么不自己快点赶路，还要为了我而耽搁时辰？"

"我是想赶路呀！"师傅回答，"可是如果我把你一个人留在山区，万一你遇到危险怎么办？我背你走，虽然累，但至少有个照应，可以互相帮忙啊！"在明亮的月色中，这位师傅看到身旁有块大木头，就拿出随身携带的凿刀工具，看着这名女子，一刀一斧地雕刻出"一尊人像"来。

"师傅啊，你在雕刻什么啊？"

"我在雕刻菩萨的像啊！"师傅神情愉悦地说，"我觉得你的容貌很慈祥，很像菩萨，所以就按照你的容貌来雕刻一尊菩萨！"坐在一旁的女子听到这些话，立即哭得泪如雨下，因为她就是传说中的"恐怖女鬼"。

多年前，她只身带着女儿翻越山头时，遇上一群强盗，但她无力抵抗，除了被奸污外，女儿也被杀害。悲痛的她，纵身跳下山谷，化为"厉鬼"，专在夜间取过路人性命。

可是，这名"满心仇恨"的女子，万万也没想到，竟

成功靠运气，失败在自己。

宇宙种子

心比思想更有权威。

会有人说她"容貌很慈祥、很像菩萨"！刹那间，这名女子突然化为一道光芒，消失在月夜山谷里。

这个故事启示了我们，"魔鬼与天使"其实并存于同一人的身上，原本凶恶恐怖的"女厉鬼"，只因曾遭人无情的奸害，激起她心中无尽的仇恨之心，开始报复在无辜的人身上，可是纵然她报复更多的人，仍然无法平息心中一把熊熊烈火。

直到她遇见雕刻师后，被其真诚慈爱的心所感化，放开心中的仇恨，恢复原本良善平静的心，终于得以归去！

也有人形容女人："拥有天使般的脸庞，却暗藏着魔鬼般的心肠"，形容男人则为"衣冠禽兽"，由此可知，表面的伪善男女，蒙蔽了他的真心动机。相对的，也并非人类皆是如此，因为"天使与魔鬼"、"善与恶"，原本即存于每个人的"一念之间"，而思想与念头，乃是"瞬息万变"的。因此，我想没有任何一个人，敢确认自己是天使还是魔鬼？

好友在婚前夸赞他的女朋友，有如一位温柔可人的小天使，却在婚后抱怨："每当她生气时，我不禁想

第 1 篇　解开心灵的枷锁

问,为何如此美丽的女子,竟然会说出如此恶毒不堪的话?"

想必"天使与魔鬼"两人,正存在同一人身上,也可在人生道路上,相互"砥砺竞争";却也是"惺惺相惜"的知己好友。

因魔鬼常扮演着"磨练考验"人类的角色,虽然他的角色,令人"心生畏惧"、"讨厌排斥",但能够通过他的严格试炼者,在思想智慧的境界上,必定能更上层楼;而另一位象征着"真善美的天使",是每个人"趋之若鹜"想要交往的"完美典范",两种角色同存于人类,它们之间"永无止尽"的交恶挑战,本该握手言和,和平共处的,不是吗?

你是否经常省思自己的内心,是时常身处如天堂一般的"天使",还是身陷如地狱般的"魔鬼"呢?你能视"魔鬼"为磨练心智的好友,还是已成为他的"阶下囚"呢?

> 心灵有它自己的地盘,在那里可以把地狱变成天堂,也可以把天堂变成地狱。

别让恨意吞噬自己

原谅是良方,智慧是良药。

宇宙种子

一份温暖贴心的关怀、一个开心的笑容、一首动人心弦的歌曲、一句令人豁然开朗的话语,都可融化心中的冰山。

仇恨如同一口枯井,时刻坐拥孤寂阴暗的方寸间,阳光总是离我们太遥远,愤怒如汹涌潮水不断拍打胸口……

从前有两户人家是邻居,交情深厚,两家的女主人同时怀孕了,于是两家商定孩子出生后让他们结为兄弟姐妹。后来,两家都生了个男孩,他们从小兄弟相称,在一起长大,比亲兄弟还亲。

这一天兄弟俩结伴而行,来到了一个山岗上,两人走累了,坐在一块大石头上歇息。没想到哥哥一坐下就动了杀机,一定要杀弟弟。

弟弟惊讶地问:"你是我的好哥哥呀!你为什么要

杀我呢？"

哥哥说："我也不知道，可是我就是想杀你。"

弟弟说："那这样吧！我现在饿了，想吃包子，你先帮我买来，我吃饱了你再杀我吧！"哥哥毕竟还是哥哥，马上答应去帮弟弟买包子。

哥哥走后，弟弟坐在石头上等着，这时一位白胡子老人出现在他面前，对他说："你知道你的哥哥为什么要杀你吗？"

弟弟说："不知道。"

老人说："你翻开这块大石头看看。"

弟弟很费力地把石头推开，只见石头下压着一个麻布包，由于年久，已经有些腐烂了。

老人说："十八年前，你曾因为寻仇，在这里杀死了你的哥哥。凶器就藏在这里了。"

弟弟问："你怎么知道？"

老人说："我是这里的土地公。不愿再看到你们兄弟相残，才来告诉你。"

弟弟赶紧打开麻布包，只见一把锈迹斑斑的刀，上面的血迹仍然依稀可见。弟弟抬头再找那位老人，老人已经不知在什么时候隐去了。

> 任何一种文化不经过心灵的重塑，就会丧失人性，缺乏人道精神。

宇宙种子

永远要记住,你的心灵就是你一生的宝藏,你要不断地挖掘它。

弟弟拿着麻布包,心情沉重,等到哥哥回来,弟弟说:"我不吃包子了。"

哥哥问:"我走了很远的路才买到的,你怎么又不吃了呢?"

弟弟说:"因为我明白了你为什么要杀我,是因为十八年前我在这儿把你杀了。可是那时你没吃包子,我如果吃了包子你再杀我,那我就还欠你包子,所以你就直接杀了我吧!"说着,把刀递给哥哥看,告诉了他刚才发生的事。

哥哥听完也是心情沉重,想了想,他说:"我不杀你了。"哥哥说。

弟弟问:"为什么?"

十八年前你杀我,十八年后我杀你,再过十八年你又要杀我,冤冤相报,何时能了?不如咱俩从此各自去谋生,如果咱们赚到了钱,五年后再回到这里,盖一座寺院。"于是兄弟各奔东西。

兄弟俩都是勤劳的人,五年后都赚取了一笔钱,依约回到那里,共同盖了一座寺院,起名"恩怨寺",以一桩善举了结了一场恩怨。

高境大师说:"宇宙与世间的一切,皆是大自然的

第1篇 解开心灵的枷锁

循环法则。"指的是所有的恩怨是非,皆非凭空出现的,乃因有其前因,才有今天的后果,永远的循环不已……

因此当事情发生时,应以"平常心"接受一切,不埋怨他人,多反省自己,为彼此找出最佳的"圆满方式"!

另一个案,小志正处于青春年华,但在他身上看不见青春洋溢的神采,反倒时常流露出桀骜不驯的样子,喜欢独来独往的他,给人一种猜不透的感觉。

刚开始他对我存有很深的戒备,可能是环境的关系,他拥有比同年龄小孩更成熟内敛的特质,直到你成为他认定的朋友之后,才能发现其内心孤独偏激的想法,一旦控制不好,它就会如同火山爆发般的伤己害人。

他的父母在他很小的时候离异,而母亲离婚后马上改嫁,小志则是跟着母亲生活。他的母亲总觉得亏欠他,因此对他呵护有加,但无论如何做,他一点都不感激领情。在他的心里总认为母亲是一个水性杨花的女子,只想与别的男人在一起,抛弃父亲,抛弃

人的美并不在于他的外表,而是在于他内心的美。

宇宙种子

心地善良总是和美貌连在一起的，常言道："面容是内心的镜子。"

家庭，自私地把快乐留给自己，痛苦留给别人，对于母亲，他只是深感厌恶可耻！

其实这些话他不曾对母亲说过，不断深藏压抑的结果，造成他偏激的行为和想法，只要是母亲讲的话，他就会一味地反驳排斥，长期以来，母子关系处于冰点；再加上他曾遭受女朋友无情的抛弃，如此一来，他对女人有更深的仇恨鄙视，于是他选择逃避人群，困在黑暗的井底，虽然他还未做出伤害他人之事，但仇恨如同盐酸腐蚀他的内心……

我明白解铃还需系铃人，于是将他的想法告诉她的母亲，希望她能将真相告知，以解开小志多年来的心结，经由我的安排，他与母亲平心静气地坐下来恳谈，她终将埋藏内心二十年的秘密说出。

当年他的父亲有外遇，再加上事业不顺，常借故找她出气，她也是在忍无可忍下才提出离婚的，但为顾及小志的感受，恐怕摧毁父亲的形象而失望，才将这段不堪回首的陈年往事，隐忍不说出来。

话一说完，母子相拥而泣，彷佛泄洪的水库，一发不可收拾，却同时也盈满流贯内心的枯井，感觉到一股活水流动的能量，在他的身体窜流起来了……

卸除骄傲的外衣

骄傲的人，往往用骄傲来掩饰自己的卑怯。

——哈代

一时的意气用事，非但不能消气，反而可能成为心中的无限遗憾与叹息！

在同侪、同事间，常出现特别骄傲的人，总是表现出一副自以为是的模样，大部分的人对他们过于傲慢的样子，经常嗤之以鼻，懒得理会！

然而，骄傲与自信之间该如何区别？

骄傲者往往只是自以为是，自信者则对自己有自信，但对他人谦虚；两者之间，似乎只有一线之隔而已。

莎士比亚说过："要一个骄傲的人看清他自己的嘴脸，只有用别人的骄傲给他作镜子；倘若向他卑躬屈膝，不过增长了他的气焰，徒然自取其辱。"

曾有个寓言故事，内容说有只蚊子飞到狮子面

宇宙种子

仪表、衣着、装饰的美好固然可以给人以美感，而心灵的美、智慧的美、行为的美所能够激发起人们的美感，总是比前者要强烈得多。

前，快速地飞来飞去，戏弄狮子说："我一点都不怕你耶，你实在不比我厉害，你说说看，你能做些什么？用爪子拚命抓？还是用尖尖的牙齿咬啊？女人和丈夫吵架的时候就是用这些招数。我告诉你，我可是比你强多了，若你不相信，我们可以来比试、比试，如果你已经准备好了的话？"

夸口的蚊子竟然还在狮子眼前嗡嗡地吹嘘，接着紧紧盘旋在狮子脸部周围，找着鼻孔附近没有长毛的地方一口叮下去，狮子只能用爪子不断地抓自己的脸，对蚊子毫无招架之力，只好告饶投降了！

蚊子看狮子投降，满脸得意，高唱胜利歌曲飞走。可是，一不小心掉进蜘蛛的网里，白白成了蜘蛛美好的一餐。

在被蜘蛛吃掉之前，蚊子不禁悲叹命运的作弄："我有能耐赢得了万兽之王，却意外栽在这小小不起眼的蜘蛛的手里！唉！实在是太惨了！"

是蚊子的命运太悲惨吗？仔细想想，如果蚊子小心地飞，一定会避开蜘蛛编织的网，要不是太过得意忘形，怎会掉进蜘蛛的网里，最后被蜘蛛吃掉呢！蚊子又为什么得意忘形？因为成功戏耍了万兽之王狮

第 1 篇　解开心灵的枷锁

子,以为自己最了不起,殊不知,"人外有人、天外有天"。

　　由此可知,别因自己的自视甚高,而蒙闭双眼,即使得罪他人也不自知,并且忽略身旁的危机,可能会让自己身陷险境之中!

　　若以心理学的角度而言,"自傲"乃是尊严匮乏造成的幻象,使人错生"优越感情结"的海市蜃楼;然而幻象总是比较显著地出现在一个人生命中最自卑的地方,以便身体的平衡系统帮他从自卑的郁结中解放出来。

　　曾遇一位相处多年的女性同事,每天看着她穿戴名牌服饰,并且逢人就炫耀她的先生家境如何的富裕,且对她百般的温柔体贴,听在未婚同事的耳里,真的羡慕得想流口水,因此同事们都十分想见这位完美的好男人,可是她总是推说先生的事业太忙,排不出时间来,自此她先生的绝佳形象,成为公司里未婚女性的标竿!

　　却在一次同事的聚餐后,大伙相邀去逛街,她却说有事要忙先走了,但大家兴致高昂,直逛到疲惫不

心静自然气顺。

宇宙种子

外表美的缺陷可以用内心美来弥补，而心灵的卑劣却不是外表美可以抵销的。

堪后，站在路边等车之际，有位同事拉着我的衣服，用非常惊讶的表情指着说："她不是嫁了位有钱的老公吗？"我认真地看着眼前这一幕，此时她正带着小孩与一个男人在路边走着，那个小孩吵着要爸爸买玩具，而那个男人身材矮小，衣衫褴褛。

后来我们才了解，因她怕人瞧不起，只不过是嫁一个没钱的建筑工人，于是才不断地自我催眠，一部分是为了弥补心态上的不足，才会如此的自欺欺人！

几经我们的开导后，她也终于可以满足现况了，虽然她们的家境并非富裕，却也可称得上是个和乐的家庭。

唯有能坦然知足，接受一切，再寻求突破改善，才是真正拥有幸福的人！

当骄傲的态度涨满于心，而形诸于外之时，那只是一种划地自限，并准备停止前进的表现，也是对自己没有自信安全感，而延伸出的虚张声势之外围形象，其实想要藉由外表的保护色，欲掩饰内心的脆弱，只会让我们自己离他人更遥远罢了！

第1篇 解开心灵的枷锁

思想转个弯

> 当智慧和命运交战时,若智慧有胆识敢作敢为,命运就没有机会动摇它。
>
> ——莎士比亚

如烟往事俱全忘,心底无私天地宽。

尽管是在科技发达、医药昌明的年代里,"思想心理"这复杂的玩意儿,还是最难了解转变的!

世间男女,在谈恋爱时,陷于"爱情魔力"下,原本自以为明亮的双眼,却变得"迷朦不清",往往只看见对方的优点,诚如帅哥美女,最容易吸引众人目光,因此很自然地联想,"美女投向帅哥的怀抱",这种一成不变的剧情,或许在感官视觉上,是一种幸福美感,但在现实生活中,却未必如观众所愿。

朋友中令所有人称羡的情侣档,一位家世平凡、外表平庸的女子,与超级有才气的大帅哥,竟是甜蜜的情侣,真是羡煞所有人,众人充满好奇地询问这位

宇宙种子

无知的仇恨，绝大部分，来自当下言语的扭曲误解，与智慧未通透前的气结，只要打通思想的任督二脉，自能知意畅快！

大帅哥，为何会喜欢上如此平凡的女子？这位帅哥说："因为你们只看见她的外表，而我却是看见她真诚善良的心。"

他所说的这番话，道尽多少平庸女子的心声，终于有人可以察觉到她们内在的美好。奉劝天下男女们，别只是一味地着眼于"外表"的美好，让"思想转个弯"，你将在平凡的表象中，看见另一片天空！

我们的心思和身体其它的部分一样，有一种惯性，要变换车道实在是一件不太容易的事。但是为心理健康着想，是值得学习的。学会正面、积极的思考法，能够有效地使心情平静，甚至能开创出人生的新契机。

有一位旅者，经过险峻的悬崖，一不小心掉落山谷，情急之下攀抓住崖壁下的树枝，上下不得，祈求佛陀慈悲营救，这时佛陀真的出现了，伸出手过来擒接他，并说："好！现在你把攀住树枝的手放下。"但是旅者执迷不松手，他说："把手一放，势必掉到万丈深渊，粉身碎骨。"

旅者这时反而更抓紧树枝，不肯放下。这样一个

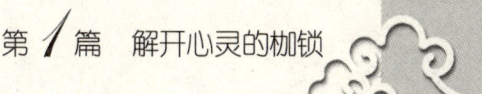

第 1 篇　解开心灵的枷锁

执迷不悟的人，佛陀也救不了他。坏心情就是紧抓住某个念头，死死握紧，不肯松手去寻找新的机会，发掘新的思考空间，所以陷入愁云惨雾中。

其实，僵化的思考模式，正是生命中最大的盲点，调整一下态度，或者变动一下作息，就能让自己有新的心境。只要我们肯稍作改变，就能抛开坏心情，迎接新的处境。

爱默生曾说："怎样思想，就有怎样的生活。"

曾有一位商场上的朋友，在商场征战多年，看似风平浪静，却在多年之后，受到金融风暴的波及，公司一败涂地，他只好结束营业，可是最后，竟沦落摆起路边摊，还好他是一位乐观开朗的人，从不哀天怨地，他告诉我："经商多年，现在终于有时间可以让我冷静思考，正是一个重新出发的机会。"

我问："那你有何打算？"

"我还不急着有任何打算，我只想先认清面对现实状况，相信机运加上我的实力，会有东山再起的一天……"

多年后，我在一间咖啡店，巧遇当年这位友人，十

原谅是良方，智慧是良药。

心与心之间的距离是最近的，也是最远的。

分开心互相问好，他告诉我："现在我经营连锁咖啡事业，这只是其中一间连锁店而已。"他笑着说："我相信人生没有绝境，倘若有的话，那就是自己困住自己而已。"

当我们陷入单线思考中，就只会执着在一个点上，钻入死胡同里，把事情看得十分严重，以为没有任何转寰余地，才会让我们"坐困愁城"，让忧郁烦恼悄然地跟随着你……

基本上，人们可以透过改变想法，从而改变人生。思想决定行为，行为决定命运；要改变命运，就要改变行为；要改变行为，先要改变思想。

你现在的行为、状况，是你以前思想的结果；你将来的行为、状况，是你现在思想的结果。你想改变自己的生活，想走向成功，那就开始选择积极正面的思想；掌握正确的思想就从今天开始吧！

第1篇 解开心灵的枷锁

转换错误的智慧

或许,只是一时无心的小疏失,却可能酿成将来填补不完的缺憾!

可能,人类的潜意识中,都藏着一种逃避面对事实的心理吧!看见他人的过失灾难时,心中的某一处角落总在暗自窃喜,"运气好!"出事的是别人,而非自己,但总是要等到,痛苦的事情降临在自己的身上时,才会惊觉到事态严重吧!

有一次,恰好刚搬新家,晚上用完水后,感觉到墙壁有一片晕湿感,并不以为意,隔天早上醒来,天啊!整个床铺几乎泡在水泊中,见到此幕的我,不可置信地大叫,赶紧起身察看一番,才知墙壁的水管早已爆破,水正快速不断地涌冒出来,此刻整间房子的积

世界上的人从外表看来是形形色色的,但是如果把内心稍揭发,那种无所依靠和心灵不安的情况,则是彼此相通的。

宇宙种子

踩着别人脚步走路的人，永远不会留下自己的脚印。

水，早已淹过膝盖了，虽知事态严重，但为时已晚，只能努力地做善后弥补，但却对当时不留心之过，懊悔不已……

在这世界上，每天都上演着"悔不当初"的戏码，所谓"千金难买早知道，后悔当初不知道"。其实，每件事情发生的背后，一定有其"原因"的，但因一时的疏乎轻视，终于造成"后悔莫及"的结果。

有些人无法承认自己的过失，总是推说："事情实非所料"，当然不可否认的，"千算万算，总不及天一划"，但是"起因"总是自己造成的，倘若无法"反思检讨"错误所在，进而修改错误之因，那么很不幸的，你将伴随此"错误"，重蹈覆辙，终此一生。

多年前，有位邻居发生了一件令人惋惜之事，因邻居的老公习惯与朋友小酌两杯，但是黄汤下肚后，又何止两杯？第一次喝完酒后，独自开车回家的途中，撞上电线杆，车头全毁，但他对我们说："幸亏平常有烧香，佛祖有保佑，人只是皮肉伤而已！"

他的老婆紧张地告诫他："请你下次喝酒，不要开车！"

第1篇 解开心灵的枷锁

他反抗地说："你没听过福大命大这句话吗？"

话刚说完，不到两个月的时间，这次他又撞车了！但这次整部车冲进了大海里，等到被打捞上岸时，早已天人永隔了！

佛祖并非不保佑，而是你将佛祖的启示，抛诸脑后，将别人的忠告，当作耳边风了！

苏格拉底说："没有经过反省的生命，是不值得活下去的。"

上天给我们的机会，可能只有一次，而有些人可能连一次都没有，应该珍惜当下反省改善的机会，才不会造成终身的遗憾！

有句话说："勿因善小而不为，不因恶小而为之"，正是在启发我们别忽略小事，积沙成塔之后的庞大效应，好的事物，透过点滴累积之后，终有一番成就，相对的，错误的思想作为，却慢慢地刻印在我们的思维之中，僵化左右思想，可能在不知不觉中，就做出错误的判断。

曾有个故事说：有两个人因偷羊被捕，得到的惩

看重自己，自然不会产生妒嫉心。

宇宙种子

往往当我们嫉妒他人之时,却忽略自己所拥有的一切。

罚是在他们两人的前额烙印上两个英文字母 ST,是英文"偷羊贼"(Sheep Thief)的缩写,然后放了他们。

其中一人受不了这种羞辱,就躲藏到异邦,可是碰到的陌生人,仍旧不停地追问他这两个字母究竟是什么意思?他的心头永远不得宁静,痛苦不堪,终于抑郁而终。

另一个人说:"我虽然无法逃避偷过羊的事实,但我仍旧要留在这里,赢回邻居对我的尊重。"

一年一年过去了,他重新又建立起正直的名誉。

有一天,有个陌生人看到这老年人头上有两个字母,就问当地人,这究竟是什么意思?

那个乡下人说:"他的额上有两个字母,已经是多年以前的事了,我也忘了这件事的细节,不过我想那两个字母是"圣徒"(Saint)的缩写。"

犯错乃是人皆有之,每个人自小从学走路开始,就不断的由跌跌撞撞中,找到自己身体的平衡感与跨步向前的技巧,一切似乎如此的自然轻松,那是因为我们不害怕犯错跌倒,一心只想早日能随心所欲,向前迈进!

第 1 篇　解开心灵的枷锁

倘若我们也能如同孩童时，不怕因犯错被人嘲笑，而故意忽略错误的所在，并能藉由错误中学习成长，转换错误可能为我们带来的灾祸，进而成为激励向上的动能，遏止减轻将来可能发生的恶果！

正如卡内基所说："若能抬起头承认自己的错误，那么错了也能有益于你。因为承认一桩错误，不仅能增加四周人们对你的尊敬，且将增加你自己的自尊。"

个人主义是一种致命的毒药，而个性却是日常生活的食谱。

宇宙种子

出气能消气？

消气密方：真相！实相！无真不着相，生气！意气！明白透心凉！

一双感觉合脚的鞋却会夹痛另一个人的脚；适用于一切病症的生活处方并不存在。

遇到烦恼、不愉快的事，有智慧的人，会先冷静下来，思考明白事情的症结何在，自然化解无事；但大部分的人，会将烦恼痛苦之事，纠结盘旋于心中，波涛汹涌，历久不衰，甚至演变成埋怨报复的心理行为……

令人扼腕的情杀事件频传，有一个案子，事因有名女子与男朋友时常争吵打骂，因而分手冷战，却在某一天不期而遇，可是这名女子旁边跟随着另一名男子，于是男朋友打翻醋坛子，大声质问女友："原来你就是为了他才抛弃我的！"

第 1 篇　解开心灵的枷锁

女友也不甘示弱地回答："是啊！他比你好一百倍！"

他的男友为了这件事，怒不可遏，心想若不教训这对狗男女，总咽不下这口气，于是伙同朋友失手打死男方，女友也重伤住院，经由警方深入调查后，才知枉死的男子，只不过是女友的表哥而已，此名女子只因一时怒气，因而意气用事，故意激怒对方，却想不到造成两败俱伤，永远也无法弥补的后果！

不仅如此，无论亲朋好友，或人与人之间也常为了"小隙故"反目成仇，诸如此类，只因一句气话，一场误解，痛苦不已，甚至恩将仇报。

根据调查，百分之六十的人每星期至少会生气一次，而最常生气的对象通常是家人，其次是朋友和同事同学。

首先应防止一时冲动所引发的错误，往往最后方知只是一场没有解释清楚的误会罢了！

看来"消气"比"出气"来得重要！

埋怨生气、痛苦不安，非但无法解决事情，反而，在煎熬侵蚀自己的内心，只会将事情弄得更糟而已。

所谓"天下本无事，庸人自扰之。"朋友常说："我

玫瑰正因为有刺，才在阳光下尽情地开放。

宇宙种子

穿上厚重的骄傲外衣,增加自己的负担,也拉开了人与人之间的距离。

就是一口气咽不下,才会如此生气的。"我则会说,哪来的那么多的气,你的气可真长啊!难道真的打算"千古长存"下去吗?为了这口解不开的怨气,来折磨自己的人生,是否值得呢?

无计较、无烦恼的人生,这是生平的一大乐事,难道芸芸众生想要舍弃"平静无忧"的生活,而喜欢偏往痛苦的深渊里钻吗?

到底有没有一种药方,可消除胸口郁积的气?

在古老的西藏,有一个叫做爱地巴的人,每次生气和人起争执的时候,就以很快的速度跑回家去,绕着自己的房子和土地跑三圈。

然后坐在田地边喘气,爱地巴工作非常勤劳努力,他的房子越来越大,土地也越来越广,但不管房地有多大,只要与人争论生气,他还是会绕着房子和土地跑三圈。爱地巴为何每次生气都会绕着房子和土地跑三圈?所有认识他的人,心里都起疑惑,但是不管怎么问他,爱地巴都不愿意说明。

直到有一天,爱地巴很老了,他的房子和土地又已经太广大,他生气,柱着拐杖,艰难地绕着土地跟

第 1 篇　解开心灵的枷锁

房子，好不容易走完三圈。

太阳都已经下山了，爱地巴独自坐在田边喘气，他的孙子在身边恳求他说："阿公，您年纪已经大了，这附近也没有人的土地比您更大，您不能再像从前一样，一生气就绕着土地跑啊！您可不可以告诉我这个秘密，为什么您一生气就要绕着土地跑上三圈？"爱地巴禁不起孙子的恳求，终于说出隐藏在心中多年的秘密。

他说："年轻时，我一和人吵架、争论、生气，就绕着房地跑三圈，边跑边想，我的房子这么小，土地这么小，我哪有时间，哪有资格去跟人家生气。一想到这里，气就消了，于是就把所有时间用来努力工作。"

孙子问说："阿公，您年纪大了，又变成最富有的人，为什么还要绕着房地跑？"

爱地巴笑着说："我现在还是会生气，生气时绕着房地走三圈，边走边想，我的房子这么大，土地这么多，我又何必跟人计较？一想到这，气就消了。"

每一株玫瑰都有刺，正如每一个人的性格中，都有你不能容忍的部分。

真正清楚自我的人，就能去除骄傲的外衣。

宇宙种子

真正有才能的人会摸索出自己的道路。

如何管理好情绪 EQ 对现代人生活而言,能随时保持好心情,创造一个平静详和的人生,乃是当务之急!

须懂得与自己内心的情绪产生良性互动,人往往一心想说服他人认同自己,却最难说服自己暴涨抗议的心,那是你远离忽略它的结果。

第 1 篇　解开心灵的枷锁

心灵的冰山

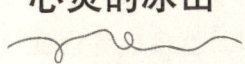

　　唯有心中充满智慧与爱的能量，并做个勇于付出的人，乐于接受其痛苦与快乐，方可崩解心灵的冰山！

　　你是否常在不自觉中，将心灵冰冻了？

　　有些人则是深怕付出的真心，再度被践踏偷走；另一些人则是因不明白真相，执着成恼，因此，随着年龄的增长，心灵伤痕的加深，不知如何解开心结，于是将它置于一个心灵阴冷的角落里……

　　我端看人类是一种奇怪的动物，对于我们的外表，从头到脚，总是时刻地留意检视，细心呵护，深怕留给别人不好的印象。

　　对于内心是否早已肮脏腐臭，竟可置之不理！这不也是为何当今心理疾病层出不穷的原因。

　　根据国内外医学调查发现，受现代社会变迁快

尽力。『成为某一个人』是没有用处的！你就是你现在这个人。

速,生活工作压力庞大的冲击,每四个人当中,就有一人可能罹患失眠、药毒瘾、烟瘾以及忧郁症等程度不一的心理与精神疾病,并且有持续攀升的趋势。

正所谓:"冰冻三尺,非一日之寒",心灵深处所历经的风霜,闭锁住思想的门窗,彷佛奄奄一息的绝症病患,直到有一天将被告知:"灵魂的生命,即将停止。"

阿朗从小生长在暴力的家庭中,在缺乏关爱,充满暴力的环境中成长,养成他刚烈暴躁的性格,对自己的人生,呈现负面消极的价值观,然而,随着年龄的渐长,孤僻郁抑的性格,促使他远离人群,封闭心灵,与他交谈时就可以感受一股寒气飘散而来,总让人有不寒而栗的感觉。

很幸运的是,他在就读高中时,遇到良师,此人是他的班导师,他敏锐地察觉到阿朗的心病,于是与他深聊一番,起初他并不愿开启心门,直到后来,他感受到老师的真心关怀,才愿意倾诉心事。

老师也感受到,其实他十分聪明,也有超乎常人的观察能力,于是老师耐心的辅导,让他感觉心灵的

倘若此时,你也正为一些执着想法思考碰壁、身心痛苦时,何不先试试放松身心,思想转个弯,你将发现人生的美好!

第 1 篇　解开心灵的枷锁

温暖,渐渐融化心灵的冰山,并教导他,发挥所长,做一位勇于付出的助人者。

　　我们可从电影《心灵捕手》来探讨,片中的主角——威尔是一个可悲的孤儿。在寄养家庭中,他没有得到所谓的"关怀"与"亲情",却换来了满身的疤痕与心中的伤痕。这令他从此不相信任何人,封闭自己的心灵,筑起心中的高墙,为的只是不要再让任何人再度伤害他那颗脆弱的心。

　　要如何使他释放他禁锢已久的心？打开他的心,撤除他心中的藩篱？儿时的阴影一直在威尔的心中挥之不去,造成他日后生活上、心灵上的一个创伤,更是一个阻碍。

　　威尔在无意中解出一道世上只有两人解得出的数学题目,而让一位曾荣获数学界最高荣誉奖章的数学教授——蓝勃,发现他超乎常人聪明的头脑。但威尔却不重视他的才能,成天打架滋事。

　　小时候不愉快的回忆,使他否定自己存在的价值,于是他活在他自己设限的阴影中,逃避一切。直到他遇见了他的心理辅导医生——尚恩,以及蓝勃,

思想决定行为,行为决定命运。

宇宙种子

一个人在描述他个人的个性时，其自身的个性即曝露无遗。

有了他们的帮助和朋友的支持，他渐渐地走出心中的晦暗。

"在世界的某个角落，总有人能捕捉你的心灵……"是的，身处在这个繁华热闹的都市中，心灵的深处却不时感到冰冷，似乎没人能触动我们的内心，或许是因压力而刻意地封闭自己，或许是……受普通压力下成长的我们，有时都可能被压迫得想逃离人群。

有些人或许可以暂时地与冰冷的心灵相处，但长时间的压抑，反而累积更巨大的爆发能量，爆发之后所产生的结果，将是两个极端的样貌，一种是偏激的思想，心理疾病的产生，另一种是超然突破性的见解。

很多人感觉到这个社会的冷漠，倘若每个人如同一滴冰水，最后终将汇集成为一条冰河，却常不自觉的冰冻禁锢着，习以为常……

那么到底如何，才能融解心灵的冰山？

彷佛在大雪纷飞的山谷里，触目所及的只是白雪皑皑，唯有当温暖的阳光笼罩山谷，冰雪融化，方能见其生机活力。

然而心灵的阳光，正是"爱与智慧的能量"交互产

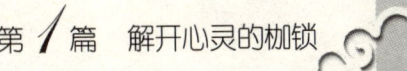

第1篇　解开心灵的枷锁

生的作用，这两股力量所发散的效用，如同冰山受到阳光的照耀，激荡出爆裂溶解的痕迹，进而由内而外挣脱突破，卸除层层障碍，展现如同自然界般，生气蓬勃的原貌！

良好的性情重于黄金，后者是幸运的给予，前者是自然的天赋。

宇宙种子

妒嫉是万丈深渊

妒嫉他人，常因自己没有自信的缘故。

宇宙种子

在这个极度包装的潮流里，我们的心灵却渴望着反璞归真，还原真实自然的我。

美国社会心理学家莫理·西尔弗声称："我确信每一个人都有过嫉妒的念头。"他又说："人总是喜欢拿别人来和自己比较，不管是工作、薪资，甚至每件事情，都是因为有嫉妒的念头才能相比较。"

其实有比较的心理，也无可厚非，所谓有比较竞争，才能有进步的空间，只是在此情怀之外，须防止产生负面的嫉妒心理因素，一经发生，它就如同潮水爆涨，向你汹涌而至……

曾有一对从小感情非常要好的姐妹，却因长大之后，姐姐无论人缘与异性缘，总是比妹妹好，因而让

第1篇 解开心灵的枷锁

妹妹心中萌生妒嫉怨恨的心理，经过长期的压抑累积后，转变成为偏激失衡的行为，她向我表露，只要姐姐结交一个男友，她就有一种想从中破坏，甚至占为己有的心态，其实她也明白如此放纵自己下去，后果将不堪设想！

此事件，爆发最严重的冲突，来自她的姐姐婚后，便邀妹妹与自己同住，没想到因见姐姐的婚姻生活甜蜜，她心中的那个恶魔又爬上来了，于是她暗自盘算着一连串的争夺姐夫的计划，每遇她姐姐不在家的时间，她总是挑逗引诱她的姐夫，纵然她的姐夫向她表明，他是深爱着她姐姐的，她却不因此罢休。直到有一天，她的姐夫不堪其扰，全盘托出告诉她的姐姐。

姐姐听到这个事实，心中百感交集，找来妹妹深切地恳谈。姐姐询问她是否真的深爱着姐夫呢？她才哽咽地告诉姐姐深藏的秘密，希望姐姐能够谅解她的行为。

她的姐姐怜惜地抱住她，说："其实你才是令我羡慕的对象，因为你总是大方活泼，无论在任何场合，你就像个开心果温暖人心！"

戴着面具过人生，你将远离真正的自我！

宇宙种子

> 每个人都有他隐藏的精华，和任何别人的精华不同，它使人具有自己的气味。

误会化解后，俩人抱头痛哭！

其实当我们能培养找寻自己的优点特长，必能肯定自我价值，无需因嫉妒他人而自寻烦恼。倘若棋逢敌手，先调整心态虚心学习，互相研究，岂不是更优呢！

当我们能够坦然面对"嫉妒"的心理，寻找其中的原由，嫉妒一旦产生，如同田园中的杂草丛生，必须拔除。可惜的是，春风吹又生的杂草，总是根除不尽。

在中外历史上，皇室兄弟阋于墙、后宫争宠、文武官吏夺权，善妒嫉的古今名人典故，数不胜数。中国自古流传"文人相轻，武人相惜"；女人更是善妒。妒嫉心引发的起疑、谋害、争斗，为祸之害，发人深省，妒嫉的的确确是祸乱的重大根源。

秦桧之妒嫉而陷害岳飞。《封神榜》中的申公豹妒嫉姜子牙，没本事却要封神。《三国演义》中，周瑜妒嫉诸葛孔明表露无遗，至死前还不禁大叹"既生瑜，何生亮！"春秋战国时，孙膑与庞涓师出同门，各有所长，理应惜缘，相敬如宾，庞涓却妒嫉孙膑而欲除去而后快。周瑜和庞涓都是因为妒嫉而逼人太甚，害人

第1篇 解开心灵的枷锁

最后自讨苦吃,反害己而死。

《西游记》小说里的猪八戒算是唐僧三个徒弟之中妒嫉心最重的一个,他最后并没有得佛果,只得个净坛使者。

那时候的他还是执迷不悟地抱怨说:"为什么他们都可以成佛,我却只能做个净坛使者?"佛祖就明确地告诉他:"你就是常人心太重,贪嘴又善妒嫉。"在西方,著名的《白雪公主》童话故事,也是脍炙人口、家喻户晓的典型例子。

对人类而言,唯有透过心念的彻底明白,方能解脱心魔的困扰!

探究产生嫉妒可能之原因:

1. 失去自信心。
2. 与他人比较竞争的心理。
3. 心态失去平衡点。

一旦身陷纠结在比较的心态里,真的很傻,因为追根究底地思考,每个人的命运大不同,如何能相互比较?纵然是一位美丽优秀的女人,可能有太多令人羡慕的条件,却也可能为自己增添许多的麻烦困扰,

个性地生活在社会中,好比鱼在水里,时时要求与环境相适应。

凡事总是"一体两面",只是看事情的角度不同而已!

嫉妒的原因千奇百怪,但无论如何,与其嫉妒他人,不如学习他人的优点,提升精进自己的智慧涵养吧!

别人的期许,若与自己的想法不谋而合时,那是件多么美妙的事,相反的,却只是造成压力痛苦而已。

极度包装下的伪装

人类是唯一在动物中,懂得内外包装的。

勇于表达自己的创思,并能承担未知的结果。

"贵妇背后的哀歌,伪善背后的真恶",这是极度包装下的社会,所存在的普遍问题。

她是我大学时期的好朋友,自从毕业后,突然失去联络,在多年后某一天,她打电话对我说:"我离婚了!"

"你在开玩笑吧!"我满脸狐疑地问。她无奈地说:"离婚让我终于解脱了!"

我说:"当初听同学说,你一毕业就嫁入豪门,我心中既羡慕又为你高兴,但……为什么呢?"

"我也以为找到幸福,哪知幸福只是假象。"她含泪哭诉。

宇宙种子

一个人的个性应该像岩石一样坚固，因为所有的东西都建筑在它上面。

　　刚嫁入夫家时，她沉溺于豪门的奢侈享乐中，而让她乐此不疲的游戏，就是参加贵妇们举办的 party。在聚会中，大家尽情享受山珍海味，身穿名牌服饰，炫耀的是排场与名望权贵。刚开始她对所有的人、事、物，充满新鲜好奇，"自以为是只初飞离天井的鸟，遇见海阔天空的世界，后来她才明白，自己只不过是只困在华丽鸟笼中，飞不出去的孤鸟罢了！"

　　原来她与贵妇们的心情都相同，只是在空虚苦闷的日子里，寻找一扇喘息的窗口，打开半掩的窗口，才发觉每位艳光四射的贵妇们，其实都隐藏着不为人知的秘密故事，因为她们顶着被众人羡慕的光环，想要让她们抛弃光鲜的外表，顿见不堪入目的内在，是她们无法以真实的面貌，面对自己与别人的理由！

　　时间一久，她不禁怀疑，当初一心嫁豪门的初衷，究竟是为了钱？还是爱他呢？

　　省思自己，赫然发觉这些年来，她失去了交朋友与畅所欲言的自由，更重要的是她早已失去自我，只可说些冠冕堂皇、言不及意的场面话，她看着我说："你知道吗？我的内心有太多无法向人倾吐的秘密！"每天守候着只知忙于工作、应酬的丈夫，渐渐感觉女

第 1 篇　解开心灵的枷锁

主人在家里的功能，只是一件物品，并非被当成一个人看待。

她感慨地说："倘若人生可以重来，我绝对不再爱慕虚荣，而宁愿嫁一位平凡且相互深爱的人，就已足够！"

或许人类早已习惯用"表象的包装"，来欺瞒扭曲众人的看法，但到头来最终的受害者，正是自己！

从前，有一位皇帝，想要整修在京城里的一座寺庙，他派人去找技艺高超的设计师，希望能够将寺庙整修得美丽又庄严。

后来有两组人员被找来了，其中一组是京城里很有名的工匠与画师，另外一组是几个和尚。

由于皇帝没有办法决定，到底哪一组人员的手艺比较好，于是他就决定要给他们机会作一个比较。皇帝要求这两组人员，分别整修一座小寺庙，而这两座寺庙正好面对面；三天之后，皇帝要来验收成果。

工匠们向皇帝要了一百多种颜色的颜料（漆），又要求了很多的工具。而让皇帝感到奇怪的是，和尚们居然只要了一些抹布与水桶等等简单的清洁用具。

本性虚荣的人是伪善的。

宇宙种子

人一旦成为他物，也就可以没有自己。

三天之后，皇帝来验收两组人员装修寺庙的结果，他首先看看工匠们所装饰的寺庙。工匠们敲锣打鼓地庆祝着工程的完成，他们用了非常多的颜料，以非常精巧的手艺把寺庙装饰得五颜六色。皇帝很满意地点点头，接着回过头来看看和尚们负责整修的寺庙，他一看之下就愣住了。

和尚们所整修的寺庙没有涂上任何的颜料，他们只是把所有的墙壁、桌椅、窗户等等都擦拭得非常干净，寺庙中所有的物品都显出了它们原来的颜色，而它们光泽的表面就像镜子一般，无瑕地反射出从外面来的色彩，那天边多变的云彩、随风摇曳的树影，甚至是对面五颜六色的寺庙，都变成了这间寺庙美丽色彩的一部分，而这座寺庙只是宁静地接受这一切。

皇帝被这庄严的寺庙深深地感动了，当然我们也知道最后的胜负了。

"我们的心就像是一座寺庙，我们不需要用各种精巧的装饰来美化我们的心灵，我们需要的只是让内在原有的美，无瑕地显现出来。"

远离世俗的期待

一架飞机里,除了正副驾驶的想法外,若连乘客都参与意见,真不知道该飞往何处?

当别人对自己还有期待时,是否值得开心?

可是往往事与愿违,经常别人对自己的期许,与潜意识的想望相违背时,矛盾痛苦的想法就会盘踞心头。

其实,人是兼具有内向和外向的个性,理性和非理性化的,男性和女性化的(阴阳调和的概念),意识和潜意识的,被过去事件所推动,但也受到对未来的期待所拉拔。

社会赋予每个人的角色的期望,做什么该像什么。

Persona(面具)是我们人格中必要的一面,但如果

知错能了悟者,是位智慧达人。

人生处处有惊奇，生命时时有启示，多点悟心，即能让你成为自己生命中的贵人！

我们过度认同我们的 persona，无法觉知我们自己真正的个性，个人的自我呈现会受到阻碍。换言之，我们是需要认识社会，但如果过度认同我们的persona，将会失去与内在真正自我的接触，而变得依赖社会对我们的期待。

我认为一个心理健康的人，应该是在社会的要求与我们真正的自己两者间取得平衡。忘掉我们的 persona 相当于低估社会的重要性，但无法察觉深层个性就等于什么都没有，也就是没有存在。

小时候我们会依循父母亲的教导生活；上了小学后，老师的教学标准又成了我们的标的；高中时期，对错的标准转到同侪的行为身上；交了异性朋友后，情侣的期待经常左右我们；直到出了社会谋职工作，老板或上司的喜好更支配我们的生活方式。对多数人而言，或许无论怎样调整、怎样追求，一辈子总是觉得没有符合他人的期待。

我们常不自觉，习以为常地将诸多的"期许希望"，放在家人、朋友与亲密的伴侣身上，期待他们能朝我们的理想迈进，可是你是否往往忽略了，"他们

第1篇 解开心灵的枷锁

要的是什么？"

曾有一个社会案例，某一位医生的孩子，从小就在父母及众人的期盼下成长，因每遇人生重要决择时，父母总是主导了他的决定，就如在大学填写志愿时，虽然他所喜欢的是文学，但他还是听从父母选填医科，纵然毫无兴趣，他仍然毕业后，继续到国外攻读硕士学位，直到他取得硕士学位的那一天，他留下一封遗书给父母，并上吊自杀了！

不胜唏嘘的场面，父母错愕难过地看着那封遗书，遗书中写出儿子从未对父母讲过的心声，他的儿子告诉他们："你希望我达成的目标我已做到了，此生我已无愧于你们了，现在的我，只想自己决定未来！"

因此，父母可能单纯地想，给予自认最好的东西给孩子，就是爱！

殊不知可能对他们而言，太过承重？因对子女过度的期许，变成子女喘不过气的压力。

大成是一家大型科技公司的主管，坐拥高薪与名位，是个人人称羡的工作，可是他的内心并没有得到

人的一生就如同下棋一样，每一个棋子都有它自己的走法，如果没有这个规则，棋也就下不成了。

宇宙种子

一棵树上，很难找到两片形状完全相同的叶子，一千个人之中，也很难找到两个人在思想情感上完全协调。

真正的快乐满足，因为他一直以来，都有一个不曾对别人说过的梦想，开发一座休闲农场，因为爱好大自然的他，希望下半辈子，能够过着平淡自在的生活，于是他鼓起勇气与家人老婆商量，所得到的答案，一致反对，并规劝他说："你若执意这么做，将来必定后悔！"

他却说："倘若我这辈子，都没有勇气去实现这个理想，将来必定终身遗憾后悔！"

最后他终于实践了这个理想，他开辟了一座休闲有机农场，每到休闲假日，就会有许多的游客朋友，与他一同欢笑闲聊，分享这田园的野趣。

于是，我好奇地问他："对于你现在的一切，你有没有后悔过？"

他说："当初做这个决定时，我早已把成败得失，放在一旁，因为我认为，人的一辈子若能真正完成他想做之事，就已足够了！"

年少时期的我，也曾苦陷煎熬在别人对我的评价中，他人的举动耳语，总易牵动我脆弱敏感的心怀，并为了讨好心爱的人，全然地放弃自我，然而，我却郁郁寡欢，逐渐迷失自己，彷佛如同住在失去灵魂的

第1篇　解开心灵的枷锁

躯壳里，过着行尸走肉般的生活，实在太可怕了！

远离世俗的期待，并不是要我们离开人群，相对的，倒是须做到"入世又出世"的超然心境，要与自己的思想，永远处于一种"不离不弃"之中！

个性像白纸，一经污染，便永不能像以前那般洁白。

成功可以很容易

勿问成功的秘诀为何，尽全力做你应该做的事吧！

——华纳梅格

宇宙种子

人类各自拥有属于自己的生命图腾，而所呈现的图腾样貌如何，来自你心灵是否圆熟澄明，自在挥洒。

有位朋友问我："成功的定义是什么？"

我回答："这个答案，存在你我心中，并无标准答案。"

她继续问我："像我这样一个平凡的家庭主妇，生活围绕在先生与小孩的身上，本以为这是我一生最大的成就，却不知为何？近来常感到自己很没用啊！"

"其实，你并非很没用，只因你迷失了自我。"我说。

她不解地问："自我……我的家庭不就是我的全部吗？"

"不，它不是你的全部，只能说是你生命的一部分，否则，那你自己在哪里？"我回答。

我继续说："你之所以会觉得自己没用，那是你逐渐地感觉到与同住一个屋檐下的先生，名义上虽是你的先生，但毕竟他也是一个独立自主的个体，而你只是一个与他亲密却非相同的个体，你们应在家庭之外，保有独自的生活模式与心灵空间，所以你应该跟自己好好地相处的"。

她说："你的意思，就是我除了家庭之后，我仍可以拥有自己的空间是吗？那我又应该做些什么，才能让自己感到有成就感呢？"

我笑着对她说："是的，做你心中可以感到兴趣，且能让心灵感到丰盈满足的事，但前题就是不可伤害自己与他人，对你而言，这不就是成功吗？"

能让自我的心灵世界，感到丰盈满溢、圆熟澄明，就是一种圆满的成就。

尽管女性追求成功的动机与男性没有两样，但由于逃避成功的动机高，导致其成就动机远低于男性。

是什么引起如此巨大的性别差异呢？心理专家张积家认为，这是因为人们对于男性特质和女性特质的价值取向不同。男性特质多表现为"工具性特质"，比如：强壮、干练；而女性特质多是"表现性特质"，比

如：温柔、体贴。

正是这种价值观的无形压力，使不少女性刻意否认自己的能力和成就。因为她们害怕成功会使自己处于众矢之的，引起人际关系过分敏感或疏离；或者认为成就可能造成家庭不幸福、夫妻关系不协调；女学生则担心在未来的学习中能否继续保持领先地位；职业女性则怀疑能否取得事业成功。

对成年女性来说，对家庭和事业的恐惧是最主要的部分。她们既渴望取得成功，又害怕成功。于是，有一些女性选择彻底否认自己的成就动机，甘愿扮演一名传统的女性角色；有一些人则处在想放弃又不甘心放弃的自我冲突中；还有一些人选择做一个成功女性，却又摆脱不了对成功的恐惧，变得敏感而易被激惹，成为男性眼中的"冰山美人"。

还有另一个例子，有一天，一个学生请教哲学家苏格拉底成功的秘诀是什么？

苏格拉底没说一句话就带他到一条河边，然后向河边走去。学生不解，当河水淹到他的膝部时，老师没有说话。当河水淹到他的腿部时，老师还是没有说

> 我们不必羡慕他人的才能，也不必悲叹自己的平庸，各人都有他的个性魅力。最重要的，就是认识自己的个性，并加以发展。

话。当河水渐渐淹到他的胸部时,苏格拉底转过身来,把他的双手放在学生的头上,然后用力把学生的头按到水里。

学生在水里挣扎了一段时间,苏格拉底还是没有松手,最后学生在水里实在坚持不住了,他用尽全身所有的力量顶出水面,大声地问苏格拉底:"老师,你到底要干什么?"

此时,苏格拉底才一本正经地对他说:"如果你追求成功的欲望,就像你刚才在水里需要呼吸,追求生存那么迫切和全力以赴的话,那么你就无所不能了。"

想要获得成功,首先要"相信自己",阻碍我们成功的第一障碍,也是最大的阻碍就是"不相信"。要成功,就必须相信自己一定能成功,你想要什么,你才有可能得到什么,自信心多强,能力就有多强。

人,就是一条河,河里的水流到哪里都还是水,这是无庸置疑的。但是,河有狭、有宽、有深、有浅、有冰冷、有温暖等不同现象,而人也一样。

一、"做人":三分做事,七分做人,在做任何事之前,先学会做人处事,做人不成功,成功是短暂的。

二、"个性":个性决定命运。有句俗语说:"江山易改,本性难移",如何让生命透过磨练的洗礼后,磨

掉生命的棱角，展现通透圆融的性格，因而奠定美满人生的基石。

三、"学习"：二十一世纪的竞争在于学习，在于对时光的把握；目标是成功的清醒剂，学习是成功的加速器，二十一世纪比的不是学历、财力、能力，而是学习力。

四、"思想"：正确的思想是通往成功之路的必经之路，无数成功或失败的经验都证明了亿万财富买不到一个好的观念，好的思维却能够让你赚到亿万财富，人生的成败往往就在一念之差，要改变命运，必须先改变思想。

五、"行动"：有行动才会有成功，不行动，再好的想法和机会都造就不了成功，只要你行动了，就有具备50%的成功可能。

牛顿说："如果你问一个善于溜冰的人如何学得成功时，他会告诉你'跌倒、爬起来'，便是成功。"

那你所谓的"成功"又是什么？

或许你会说："成功，总是离我太远，世事，总不如我愿"；倘若，能让自我的心灵世界，感到丰盈满溢，圆熟澄明，不就是一种"圆满的成就"吗？

宇宙种子

拙劣的艺术家才永远戴别人的眼镜。

第 2 篇
消除爱情的魔咒

爱情是心灵的镜子，
不用表达就能说出内心的秘密。
爱情是幸福的缘分，
真正的幸福掌握在心底的方寸之间。
每个幸福的背后，
总存在着一个不为人知的缺口。
然而有时候爱情的缺口，
或许正是爱情的出口。
真爱，是无需承诺的。
只要此生能心意相通，
真心相惜，就已足够。
闪电照亮一瞬间，
而爱情却能照耀一生。

放开经验的伤痕

伤口有复元的一天,但伤痕却难以抹灭。

> 宇宙种子
>
> 远离世俗的想法与目光,找出内心真实无欺的需求,如此一来,缺口在你的眼中,也将是浑然天成的艺术创作。

　　通常我们有一个经验,只要在一间房子里住超过一年以上,那么房子的杂物,将会比原先的多了一倍以上,其中的某些东西事物,正勾勒起片段难忘的回忆。

　　诸如心中的伤痕,常在不知不觉中增加,并以如获至宝的心态收藏,直到想搬离此住所,分类打包整理时,才顿觉自己买了很多重复之物,或当初喜出望外买下的珍宝,可能连一次都不曾使用过,还是有些早已布满尘埃过期之物呢?

　　你是否有感到心中滞碍难通,试着打开心门探究整顿一番吧!

第2篇　消除爱情的魔咒

古印度寓言中有一则关于老鼠的故事。这只老鼠和其它的老鼠一样怕猫,一位巫师因此为它难过,愿意提供协助,解决它的难题。

在这只老鼠的同意下,巫师将它变成一只猫;然而这只猫又怕狗,因此他又将其变为一只狗;不幸的是这只狗又怕老虎,于是他又将它变为一只老虎。当巫师又发现这只老虎又怕猎人时,他觉悟地对它说:"即便我有能力将你变成天底下最威猛的动物,它都有该突破的内心瓶颈,我想你该改变的是你的心态,这一点我可帮不了你!"

人类流转在尘世间,跌撞浮沉间,难免伤痕累累,只好沉淀调整心态后再出发!

朋友小隆原本对爱情的心态,算得上是深情一片,可是面对前女友的虚情劈腿,摧毁了他对爱情的信心,现在的他,总以寻欢作乐的心态玩弄感情,因此每段与女友的关系,总在他的怀疑争吵中划下句点。

倘佯在爱情的花园里,常在不自觉中,幻化成一朵带刺的玫瑰花,伤人自伤的结果,只有让爱情离你

人生的缺口,或许正是人生的出口。

感情和愿望是人类一切努力和创造的背后动力。

更遥远！

曾与一位泰式餐厅的老板闲聊，他和我分享创业期间的甘苦，他说，起初特地至泰国取经，引进当地最具代表性的料理，未料当年台湾人未能接受泰式酸辣甜的重口味，本想可一炮而红的企划，却惨遭滑铁卢；但是他却不因此而气馁，他不断地研发创意料理，并改良原本泰式口味，采取更贴近台湾人的味蕾，果然一推出，便深受好评！

一七五四年，当时已是上校的乔治·华盛顿率领部下驻防亚历山大市。

这时正值维吉尼亚州议会选举议员。有一位名叫威廉·佩恩的人反对华盛顿支持的一个候选人。有一天，华盛顿就选举问题与佩恩展开了一场激烈的争论，并且在争论中说出了一些极不入耳的脏话。佩恩听后顿时火冒三丈，挥拳将华盛顿击倒在地。当闻讯赶来的华盛顿的士兵想为自己的长官报一拳之仇时，华盛顿却阻止并说服大家平静地退回了营地。

第二天早晨，华盛顿托人带给佩恩一张便条，请他尽快到当地一家酒店会面。佩恩神情紧张地来到

第2篇 消除爱情的魔咒

酒店,料想必有一场恶斗。但是出乎他的意料,迎接他的不是手枪而是友好的酒杯。华盛顿站起身来,笑容可掬,主动地伸出手来欢迎他的到来,并且真诚地对他说:"佩恩先生,人谁能无过,知错而改方为俊杰。昨天的事,确实是我做错了。你已采取行动挽回了面子,如果你觉得那已经足够,那就请你握住我的手吧!让我们来做朋友。"

这场风波友好地平息之后,佩恩从此也成了华盛顿坚定的崇拜者之一。华盛顿在这场风波中所展示的超人的思想境界为世人留下了一面镜子。

心胸狭隘的人,只会用极端的方法以牙还牙,结果只会使怨恨扩大,敌人越来越多。心胸宽广的人则懂得包容、忍让,以纯善之心发出的生命之光,是化解怨恨最有效的利器。

正所谓"万丈高楼平地起",亦如生命中的每个台阶,总由人生的挫败欢欣交织而成的,经验的累积,只要我们懂得如何去芜存菁,转化成向前迈进的源动力,纵使人生遭逢荆棘泥淖,也能安然自若而行!

情感——这是道德信念、原则和精神力量的核心与血肉。

知足的幸福

不要为你所没有的抱怨,要珍惜你所拥有的。

——朱德

宇宙种子

愿望是半个生命,淡漠是半个死亡。

曾有一对老夫妻,吵闹斗嘴一辈子,总是不断地埋怨对方,直到有一天妻子骤然离去,他才顿然察觉到妻子对他的爱……

从每天早上的一杯参茶,到饭桌上看似家常平淡的饭菜,却是妻子为了老伴的身体用心烹调的,甚至,周而复始叨絮的叮咛,无形的已潜入他生活的动静中;而如今偌大的房子,少了叨絮声清静不少,内心却涌出无尽的空虚!

一旦习惯已成为自然,情感机制失去感觉!

相恋的男女总是贴心敏感的,只要对方一句体贴的话,或一个举动、眼神,总能让彼此欢喜,感动莫

第2篇 消除爱情的魔咒

名,却在两人婚后,一切似乎走味。妻子认为先生应该分担家务,体贴妻儿,先生认为妻子应该总管家务,最好能分担家庭经济,以现代的观点来看,也无太大的不合理,但是过去的"感激"不见了,"应该"取代一切,生活中的一切小事,皆成为争吵冷战的动机!

羡慕他人,我们经常如此,每逢三五好友聚在一起,品头论足的皆是彼此配偶、小孩如何……对于别人胜过自己的事迹,内心总是酸苦杂陈,羡慕的表情溢于言表,如此一来,心中的那把丈量尺,开始对配偶、小孩挑剔批评,最终的结果只是加深情感的间隙,感觉幸福总是在遥不可及的远方!

朋友间有一对结婚三十多年的夫妻,女方晓晴在未嫁他先生前,是家境富裕的小姐,父母反对她嫁给一个一无所有的丈夫,但晓晴却不顾一切地下嫁,夫妻俩共同经营一家花店,纵然日子过得忙碌,可是夫妻俩,永远笑脸迎人,恩爱如昔。

店里的客人,总是好奇地询问夫妻恩爱的秘诀,晓晴就说:"老公并不是一位浪漫知趣的人,却是一

> 经验的种籽,透过时间正确的栽培养育,等待季节成熟,必可享用甜美果实!

宇宙种子

沉淀心灵，打包伤痕。

位温柔体贴，心灵相通的好先生。"

晓晴说："不富裕的生活，使我们没有过多奢侈的享受，但老公的宽容体贴，与心灵相系的感情，让我感到是天底下最幸福的女人！"

有一个寓言故事说，一位天使送信的时候，在一个地方睡了一觉，当他醒来的时候，发现自己的翅膀不见了。没有了翅膀的天使比一个普通人的能力还小，他既冷又饿，只好去乞讨。

他看到了一个牧羊人，就把自己的遭遇向牧羊人讲述了一遍，牧羊人很同情天使的遭遇，就给了天使吃的和御寒的衣物，天使向他表示感谢，牧羊人说："您不用谢我，看见有困难的人帮助一下，这是应该的。不过，我不能这样长期的供给您衣食，您如果要在我这里住一段时间，您必须帮我做一些事情。"天使答应了牧羊人的条件，就住了下来。

天使每天除了放羊之外，还帮羊梳理皮毛，他将从羊身上梳理下来的羊毛慢慢地积攒起来，织成了翅膀。天使戴上翅膀后，就飞了起来，牧羊人看到这种事情后非常地惊奇。天使对他说："你现在可以说

第2篇　消除爱情的魔咒

出你的愿望，我可以马上帮你实现。"

牧羊人就说："我想要一百只羊。"他的话音刚落，他的羊果然就多了一百只，这样过了一段时间，由于羊的数量多，牧羊人比以前更加辛苦，他就找到天使说："请您把羊收回去吧！我现在想要一栋房子。"话才说完，马上就在牧羊人的附近出现了一栋漂亮高大的房子。

可是没过多久时间，牧羊人就觉得住这么大的房子也没有什么意思，他就对天使说："我想用房子换一匹马。"

可是当他骑在马背上的时候，却不知自己要去往何方。牧羊人就对天使说："请您收回您给我的这些东西吧！我现在才知道，当一些愿望实现的时候，它不但没有给我带来快乐，反而成了我的累赘。"

天使说："你真的什么愿望都没有了吗？我还可以给你一个好的性格。"

牧羊人说："我已经具有最好的性格，就是知足，所以我不想再要别的什么！"

亦如每当情人节或值得纪念的节日来临，爱人费

感情无论在什么东西上都能留下痕迹，并且能穿越时空。

宇宙种子

尽苦心，营造浪漫与情趣，或许它使彼此得到情欲短暂的满足愉悦，却无法盈满内心的幸福感！

结婚多年的人，常不自觉地回忆起，俩人爱意萌生，心动热恋之初，纵然只是个深情的眼神，热情的拥吻，都能让相爱的人刻骨铭心，魂牵梦萦。

唯曾经拥有过"幸福"，方能明白真正的幸福，非只是金钱可填满的，非用任何手段可获得！即使四时更迭，物换星移，想必它并没有走远，也没有改变，只因你我远离"原始初心"。或许，再邂逅时，可能情不自禁地会心一笑！

宇宙种子

面孔是心灵的镜子，眼睛无言，但说出了内心的秘密。

第2篇　消除爱情的魔咒

爱情七十二变
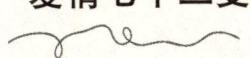

爱情,游走在变与不变的法则之中!

感情的字典里,会改变的一切与幸福无缘,因真正的幸福正淡然的存在心底的方寸间!

倘若说天气是善变的,至少可预知,但爱情的样貌,往往有过之而无不及!

相恋的俩人,有如漫步在晴朗的天空下,身旁总吹佛着温暖的微风。

闹别扭的俩人,正如处于微笑的阳光下,却突然下起太阳雨,但不一会儿又放晴了。

争吵的俩人,就像晴天霹雳,雷雨直下,让人躲避不及。

分手的俩人,有人喜欢看着阴雨情境,感觉连天都为我落泪,也有的人,整装待发,迎着阳光朝向下个目标前进……

知足，自然富足。

变化莫测的爱情形貌，究竟是善变的心，还是不可预知的力量所造成的！

最近一位多年的好友谈恋爱了，心里正在为她高兴的同时，也令周围的人跌破眼镜，因她所相恋的对象，竟是经常斗嘴互批的同事，据了解，他俩之间的相处，可用四个字形容——水火不容，甚至好友还曾经一度因为无法忍受他的脾气，萌生离职的想法。为何剧情直转而下，变得这么诡异？

这已挑逗起我好奇的神经，想一探究竟，她说，或许这就是所谓的欢喜冤家吧！

她说："起初，我最厌恶他总是与我唱反调，可是哪知，每次事情都被他料中，也不知从何开始，我对他的厌恶转为佩服……"

看来千变万化的"爱情学分"，没有人真正毕业过，当事者好像在雾里看花，旁观者也未必清楚，如一道勾芡的料理"纠缠不清"！

有人说爱情的分合："因误解而认识，因了解而分开"。的确，相爱的俩人，为了想在对方的心中留下完美形象，用层层的外在伪装掩盖真相，因此每当朋友

第 2 篇　消除爱情的魔咒

抱怨男女朋友变心时,我就会反问他们:"实际上是变心了,还是你我皆认识不清?"

一位饱受爱情摧残多年的好友,对此充满怀疑不信任,疑惑地问:"究竟世间有没有不变的爱情?"

套句佛家的话:"世间本无常",既是无常一切皆然,唯有相爱的本质不变,纵然物换星移,仍然无法分割两颗悸动的心!

柏拉图有一天问老师苏格拉底什么是"爱情"?

苏格拉底叫他到麦田走一趟,要不回头地走,在途中要摘一棵最大最好的麦穗,但只可以摘一次。柏拉图觉得很容易,充满信心地出去,谁知过了半天他仍没有回去。

最后,他垂头丧气地出现在老师跟前,诉说空手而回的原因:"很难得看见一株看似不错的,却不知是不是最好,不得已,因为只可以摘一株,只好放弃,再看看有没有更好的,到发现已经走到尽头时,才惊觉手上一棵麦穗也没有……"

这时,苏格拉底告诉他:"那就是爱情!"

柏拉图有一天又问老师苏格拉底什么是"婚姻"?

生命中的每个台阶,总由人生的挫败欢欣交织而成。

宇宙种子

理智编织起来的一切均被情感拆散。

苏格拉底叫他到杉树林走一趟，要不回头地走，在途中要取一棵最适合用来当圣诞树用的树材，但只可以取一次。柏拉图有了上回的教训，便充满信心地出去。

半天之后，他一身疲惫地拖了一棵看起来直挺、翠绿，却有点稀疏的杉树，苏格拉底问他："这就是最好的树材吗？"

柏拉图回答老师："因为只可以取一棵，好不容易看见一棵看似不错的，又发现时间、体力已经快不够用了，也不管是不是最好的，所以就拿回来了。"

这时，苏格拉底告诉他："那就是婚姻！"

"在爱情的路上，不论是为爱情东挑西选，或是为渴望爱情饥不择食，到底又有几人能如愿以偿？"

"在婚姻的殿堂里，不论是为相爱携手一生，或是为渴求结婚而自投罗网，到底又有几人能甜蜜美满！"

试问爱情为何会变质走味，那是因为在无杂质的纯水中，加入太多无谓的色素、添加物，卖弄五彩缤纷的色相，挑动舌间的味蕾，也许可增添彼此一时的

第2篇　消除爱情的魔咒

情趣,却可能因饮用过度,失去健康,麻痹神经……

想必不同的物质,即能激荡调合出任何令人惊奇的旷世杰作,至于这个困难的问题,就留给上天来烦恼吧!

谁的脸上不发出光明,谁就永远不会变成一颗星。

宇宙种子

坚强，它不是你的名字

这个社会的思维里，期望将每个人都塑造成一位"强者"，可是那可能并非灵性存在本质的真正样貌。

——高境大师

宇宙种子

怎料在繁华落尽之后，爱上浑然天成的自己，喜欢驻足倾听自然天籁，触动心灵的挚爱！

有时候坚强，是为了逃避。

有时候坚强，是为了掩饰自己的痛。

有时候坚强，是为了假装自己其实很快乐。

其实，"过度的坚强"是一件对自己很惨忍的事情，难道面对所有的挫折痛苦、委屈，或是被他人误解时，我们都必须坚强忍住，然后两手一摊，告诉所有的人，其实我很开心啊！

难道你以为，这就是坚强。

有位男性的友人，在经历事业的低潮时，他感叹地说："为什么你们女人，总被允许有哭与软弱的权

利,而男人却没有?"

难不成你们女人全都以为,所有的男人,都是超人吗?

难不成,男人就不能在难过的时候,痛痛快快的哭一场?

难不成,男人就不能在遭逢挫折痛苦时,表现出其实我很脆弱?

难不成,男人就只能在喝醉酒之后,才能吐露真心话与苦水?

其实我也明白,现代的新时代女性,又何尝不是"苦"?

事业、家庭两头忙,搞得焦头烂额,美其名被恭维是个"女强人",其实只是"一条虫",真想成为一条懒虫,就睡它三天三夜,不必清醒,不必理会。

曾有位经营贸易公司的女性老板,她在公司职员的眼里,是个精明干炼,趾高气扬的人,因此,所有的员工都要畏惧她三分,但总在背后骂她:"武则天,没人性。"

但她表面看起来并不理会别人的说法,一直认

情感丰富固然是一切美德的泉源,但也是酿成许多悲剧的始因。

为,自己的想法作为都是对的。

直到一天,她发现了老公的外遇,引发起家庭风暴,最后终就离婚收场。

朋友们怕她不开心,安慰她能早日想开,没想到,她反而愉快地说:"那种烂男人离开了,我不知道有多开心!"

朋友们看她这么快就走出婚姻的阴霾,真的很佩服她的"坚强"。

殊不知,有一天她吃安眠药自杀了,还好发现得早,被救回来了。醒了之后,所有的亲友,错愕心疼地望着她;她用着无助哭泣的声音说:"你们为什么要救我,你们一定会笑我的,人生搞得一团糟,狼狈不堪吧!"

原来,她所谓的"坚强",只是内心脆弱的伪装,好胜心作祟的"逞强"而已。

看来,"逞强,绝非坚强。"

弱即是强,退就是进的道理。所谓:"深水缓流,浅水急瀑。"示弱,未必就是软弱,退后,也不一定就是承认失败,反而可能是另一个重新出发的契机。

宇宙种子

做自己感情的奴隶比做暴君的奴隶更为不幸。

第2篇　消除爱情的魔咒

其实,你不必刻意掩饰自己的脆弱,每个人都会有脆弱的时候,有的人,在外在的世界里,叱咤风云,位高权重,却在内在世界,生命的脆弱缺口里,根本不堪一击。

勇于承认自己的脆弱,才是真正的强者。

或许,我们总讨厌不够坚强的人,会不会有一天我们终于接受自己的脆弱?

其实,你可以大声地哭泣,别害怕有人会嘲笑你,因为,那就是你!

因为,适度地宣泄自己的情绪与情感,可使心灵保持平衡与健康。

当你遇到挫折委屈,任何心痛之事时,或每当你想哭泣时,别辜负上天赋予人类皆平等的眼泪,眼泪是一个人内心深处的自然情感表现,透过泪水平静地流过心底深处,洗涤心灵的伤口污秽杂质,再经由"冷静沉淀"的过程后,将伤口彻底地杀菌,然后,包扎伤口,等待其平抚复原……

相反的,过多"软弱的泪水",只会使"伤口"加速

眼睛是悲哀的无声言辞。

发炎溃烂,延伸出更大的心灵创伤范围,导至更大的灾难。

惟有恰如其分的感情才最容易为人们所接受、所珍惜。

第2篇　消除爱情的魔咒

幸福的缺口

每个幸福的背后，总存在一个不为人知的缺口，如何调适将是我们该学习的人生课题。

在宁静清明的夜晚，心中总是回荡着："月无长圆，花无百日红"，这是自然的生命本质，还是上天要给我们领悟的人生课题呢？

恋恋红尘，在男女的情爱关系里，最难明白的是，究竟哪一个人，才是"对的人"呢？

有一次心血来潮买了一双炫丽的高跟鞋，和我平常穿鞋的风格是迥然不同的，但穿上它让我看起来高贵无比，于是不顾一切买下这双昂贵的鞋，打算穿到同学会上，好好地展示一番。

期盼已久的同学会终于来临，昔日的一群死党，

聪明的你，请审慎思考一下，当爱情的理由与条件失去时，你仍然爱他吗？

宇宙种子

不会哭的年轻人是野蛮人，不会笑的老年人是傻瓜。

如今皆携家带眷前来，好友小丽工作能力强，现在已是某家公司的总经理了，但她却是不折不扣的外貌协会的代表，在学生时期她告诉我们，将来她的丈夫必须拥有俊俏的外貌，至于有没有钱倒不重要，后来她也如愿以偿地与一位貌似梁朝伟的男子结婚了。

她热情地介绍她先生与我认识，我看着他，或许与梁朝伟有三分的貌似，可是无情的岁月已在他脸上刻下了痕迹，还有中年男人发福的产物——啤酒肚。

心中充满狐疑，把她拉到一旁，问她："当梁朝伟走样时，你是否还爱他呢？"

她说："其实我也曾为这个问题矛盾过，当年只顾外貌，不顾一切的勇气，真是一种单纯的无知，好在我还算幸运，体贴与责任感是现在我最欣赏他的特质。或许，我真的该感谢他，改变了我对人的看法，原来，一个人内在的光芒，才是永恒不灭的。"

她说的没错，过度在乎表象的美好，却忽略自己内心的需求？

我低头看着肿胀的双脚，真是哭笑不得。一切都是自找的，赶紧换上平底鞋，顿时松了一口气，心想

第2篇 消除爱情的魔咒

> 何必在乎别人怎么看，因为心中的感受或许骗得了别人，却骗不了自己！

美国微软公司里的一个真实故事，主角史蒂文森失业了，一切来得那么突然。一个程序设计师，在软件公司工作了八年，他一直以为将在这里做到退休，然后拿着优厚的退休金颐养天年。然而，这一年公司倒闭了。

史蒂文森的第三个儿子刚刚降生，他感谢上帝的恩赐，同时意识到，重新工作迫在眉睫。作为丈夫和父亲，自己存在的最大意义，就是让妻子和孩子们过得更好。

他的生活开始凌乱不堪，每天的工作就是找工作。一个月过去了，他没找到工作。除了编写程序，他一无所长。终于，他在报上看到一家软件公司要招聘程序设计员，待遇不错。史蒂文森拿着资料，满怀希望地赶到公司。应聘的人数超乎想象，很明显，竞争将会异常激烈；经过简单交谈，公司通知他一个星期后参加笔试。

凭着他的专业知识，笔试中，史蒂文森轻松过关，

有许多隐藏在心中的秘密都是透过眼睛被泄漏出来的，而不是透过嘴巴。

宇宙种子

人是唯一会脸红的动物，也是唯一该脸红的动物。

两天后面试。他对自己八年的工作经验无比自信，坚信面试不会有太大的麻烦。然而，考官的问题是关于软件业未来的发展方向，这些问题，他竟从未认真思考过。

史蒂文森觉得公司对软件业的理解，令他耳目一新，虽然应聘失败，可是他感觉收获不小，有必要给公司写封信，以表感谢之情。于是立即提笔写道："贵公司花费人力、物力，为我提供了笔试、面试的机会。虽然落聘，但透过应聘使我大长见识，获益匪浅。感谢你们为之付出的辛劳，谢谢！"

这是一封与众不同的信，落聘的人没有不满，毫无怨言，竟然还给公司写来感谢信，真是闻所未闻。这封信被层层上递，最后送到总裁的办公室；总裁看了信之后，一言不发，把它锁进抽屉。

三个月后，新年来临，史蒂文森收到一张精美的新年贺卡，上面写着：尊敬的史蒂文森先生，如果您愿意，请和我们共度新年。贺卡是他上次应聘的公司寄来的。原来，公司出现空缺，他们想到了史蒂文森。

这家公司是美国微软公司，现在闻名世界。十几年后，凭着出色的业绩，史蒂文森一直做到了副总

第2篇 消除爱情的魔咒

裁。

人生总是充满不完美的变量,在这变量中,倘若你能静下心来,必能体会出生命的智能与生活的存在价值。

此刻的你,是否已明白地握住幸福?其中的生命缺角,换个角度来看,也堪称为"自然艺术",而那位懂得品味人生的鉴赏者,才是能让艺术生命发光发热之人!

人可以控制行为,却不能束缚感情,因为感情是变化无常的。

真爱有条件吗？

真心诚意的相爱，无需附带任何条件与理由。

> 宇宙种子
> 无须一生一世的诺言，只要此生能心意相通、真心相惜，就已足够！

最近常与朋友聊天，当他们振振有词地说着"理想对象"时，不外乎附带各种条件，他们说的很自然，我却听得很错愕，难道爱情是必须建筑在条件之上吗？

好友小碧告诉我："她正与一位多金的 A 君交往，所以她每天都享受着游玩、shopping 的乐趣。"我顺口回应一句："那很好啊！"

她说："改天介绍他与其他多金人士给你认识。"

某天中午，我与她约在餐厅碰面，一坐定位置后，她急忙向我介绍多金男友，我端看眼前这位所谓的多金人士，年约五十来岁，满面油光，体型圆硕，身上

第2篇　消除爱情的魔咒

堆满名牌,我尴尬地与他相视而笑后,他就开始不停地炫耀他的丰功伟业,财大业大的诸多证明,听得我心里直打哈欠,只好推说有急事,迅速逃离现场……

事后我曾经问她:"你是否真心爱他呢?"她讪笑着说:"真心?这年头谁讲真心呀!所谓爱情,只不过是条件的交换罢了!他爱我的美貌,我爱他的钱,大家各取所需而已。"

看着她,让我想起日剧"大和拜金女"的情节,只是不知在追逐金钱的游戏结束后,能否如同女主角的幸运,还能够寻觅到心中的"真爱"?

我想这个社会真的病了,女子渴望能麻雀变凤凰,男人希望能娶到如名模般,玲珑窈窕的女人,女性理想对象以"金钱挂帅",当然还有其它附带条件,如:帅气、才华、职业等……作为择偶的标准,无可厚非的,倘若能聚足所有条件,哪个女人不动心喔!

但问题是,他是否真心爱你呢?

"爱情"并非买卖,这个想法不难知道,但大部分的人,却常陷入"买卖"的思维里,开出"爱情的各种买卖条件",似乎昭告天下男女,合乎条件者可先行竞标,而竞标到手者,就与自己绝配?

真爱,无须任何承诺。

宇宙种子

三种东西不召自来：爱、嫉妒、恐惧。

世人说："爱情是盲目的。"我想的确是，因为我们往往被太多的"条件杂质"，遮闭双眼，那是爱情的贪念，让我们自以为喜欢上对方，但往往在这些"条件光环"逐渐褪色后，突然领悟，自己所爱的只是你的"爱情条件"，并非那个人！

让我来说一个真爱的故事。墨西·门德尔松是德国知名作曲家门德尔松的祖父，他外貌平凡，除了身材五短之外，还是个古怪的驼子。

有一天，他去拜访一个商人，这个商人有个心爱的女儿名叫弗提，墨西无可救药地爱上了她，但弗提却因他的畸形外貌而拒绝了他。到了必须离开的时候，墨西鼓起了所有的勇气，上楼到弗提的房间，把握最后和她说话的机会。虽然她有着天使般的脸孔，但让他十分沮丧的是，弗提始终拒绝正眼看他。经过多次的尝试沟通之后，他害羞地问："你相信姻缘天注定吗？"

她眼睛盯着地板答了一句："相信。"然后反问他："你相信吗？"

他回答："我听说，每个男孩出生之前，上帝便会

第 2 篇　消除爱情的魔咒

告诉他，将来要娶的是哪一个女孩。我出生的时候，未来的新娘便已许配给我了，上帝还告诉我，我的新娘是一个驼子。

我当时向上帝恳求："上帝啊！一个驼背的妇女将是个悲剧，求你把驼背赐给我，再将美貌留给我的新娘。"

这时弗提看着墨西的眼睛，并被内心深处的某些记忆所搅乱了。她把手伸向他，之后成了他最挚爱的妻子。

人们通常因为他们的条件能被满足才爱，他们说："你该像如此这般，不然我不爱你。"母亲对小孩说："只要你乖，我就爱你。"太太对先生说："你必须这样子，我才爱你。"

因为每个人都习惯性地在谈爱的条件，于是爱消失了……

真爱本质上不是一种需求，所以不会有心理上的匮乏、渴欲之感，也不会构成强大的追求动力。真爱是一种自由的付出，它的动人经验不是来自我的渴欲得到满足（如口渴因喝水而获得满足），而是来自我的真诚付出获得对方的真诚接纳。我快乐是因为

> 我们对于情感的理解越多，则我们越能控制情感，而心灵受情感折磨的痛苦也越少。

宇宙种子

他快乐,更是由于我们共享了这份快乐。由于我们到后来实在分不清楚是我让你快乐还是你让我快乐,反正是我们一起快乐。这就是所谓心心相印、两位一体,也就是"真正的感情"。

冷漠无情,就是灵魂的瘫痪,就是过早的死亡。

第2篇　消除爱情的魔咒

真爱盟约

一张结婚证书或一句言语的承诺，就可维系一辈子的情感吗？

在爱情这条路上，世间男女遇到的状况，可简单分析为三类：

一、有缘无份：思想沟通契合，却"无份做夫妻"，或夫妻总是聚少离多。

二、有份无缘：即使有份做夫妻，虽同住一个屋檐下，却"无言以对，无话可说"，时常因意见分歧而吵闹。

三、无缘无份：此种男女若勉强在一起，恐怕早晚也会走上"分手之路"。

有人说过："爱情是令人盲目的。"甚至盲目到失

花开花谢，正是自然之奥，抖落满身的尘泥，迎向另一场灿烂的花季！

宇宙种子

活在当下，期待未来。

去自我，每段感情的分分合合，与每个人感性或理智的判断，并无绝对的关系，而真正的关系点，在于每段姻缘的结合，背后的真相为何，到底是相配或是错配？

恋爱中的男女，向往"海枯石烂，天长地久"的山盟海誓，但与其钟情于如此不切实际的爱情，不如追求与自己合拍的"真爱"吧！

什么是"真爱"呢？这是否也是一种高论，而不实际？此并非"高论空谈"，而是无人知晓的"真爱盟约"，此盟约乃是"累世的誓约"，相约此生再聚首的真爱誓言！

高境大师言："寻找真爱之前，必须了解何种典型的配偶，才是彼此生命中的终生眷侣。"

以下简单分为三种类型：

一、天：【智慧、思考型】

此种人较喜欢"思考动脑"，着重"分析逻辑"能力，重视精神生活甚于重视物质生活。

二、人：【人缘、才华文艺型】

他们的典型特质，为"俊男美女"，或是"万人

第2篇　消除爱情的魔咒

迷",因他们拥有极佳的外貌与才华文艺,容易吸引众人关注的目光。

三、地:【财富、地位型】

一般而言,他们皆有很不错的"家世背景",或是优秀的"职业地位",是令人称羡的"金龟婿"型。

曾有一位充满忧愁与矛盾的女孩小庭,心急地来找我,她说:"我同时交往两个男友,但我并不是有心劈腿的,只是因为不知该选谁好?"

她是一个家境贫困,却拥有十足上进心的女孩,或许因为自卑感作祟,让她更勤奋好学,并且半工半读地考取了医学院。

这也让她有更多的机会,可以结识家境富裕的未来医生的对象,于是她可以说是"处心积虑地接近那些人"。

其实她长得也算甜美可爱,异性缘也不差,自然围绕在她身边的男子也不少,于是她在系里挑选了一个家境富裕的 A 君交往,可是在不久之后,她在打工的补习班里,认识了一个与她成长背景相似的,贫困家庭长大的 B 君,只要他们俩人在一起,就有聊不

> 我们的心是一座宝库,一下子倒空了,就会破产。

情感像吹动帆船的动力，理智则是把持方向的舵手。

完的共同话题。

小庭说："A 君对我而言，如同一部炫耀夺目的法拉利跑车，和他在一起，有一种虚荣莫名的满足感，觉得别人不会瞧不起我，一时之间，我也以为终于找到了真爱！"

哪知道 B 君的出现，使她的思绪矛盾挣扎，于是，我问她："B 君对你而言，又代表什么东西呢？"

她说："B 君在我的心中并非任何东西可以取代的，我只知道不见面时，心里想着他，见了面就有聊不完的话题！"

我告诉小庭："答案其实早已显而易见，A 君对你而言，像一件华丽的礼服，它可短暂地让你拥有明星般的光环，可是你却不可能每天穿着它出门；然而 B 君又如同一件看似平凡舒适，却能充分衬托你身材气质的服饰。你喜欢常常穿在身上，因它让你感到舒服自在！"

勉强得到的爱情，绝对无法长久幸福的，唯有真诚地面对自我，才不会做出让自己后悔一辈子的事。

对你而言，哪一种才是你寻觅已久的"理想对象"呢？

第2篇　消除爱情的魔咒

但是天下之大,"真爱佳偶"何处寻觅?寻找的前提,必须配合因缘际会,姻缘成熟之时,即有很大的机会可遇见"真爱佳偶",但并不是每个人一生中,皆有福运巧遇的,或者,遇到的当下,因"毫不自知",而错过人生机缘,故此"真爱良缘",能了解与把握之人,天下又有几人呢?

> 宇宙间爱的能量,让万物永不止息,即使经历大自然的激荡摧残,仍可平抚重生,真是妙不可言!
>
> —— 宇宙种子

等待的理由

人生，原本就是循环不止的等待周期？

宇宙种子

宇宙间爱的能量，让万物永不止息。

仔细想来，人的一生，不都在等待中渡过，那么到底在等待些什么呢？

每天一早醒来，迎接一天的挑战之后，就期待夜晚的宁静，可安享身心片刻的休憩，这到底是人生的自然法则，还是永不觉醒的一场梦魇！

那么等待爱人的心情又是如何？

小瑄的男友出国留学，这三年期间，他俩都是透过MSN与电话维系情感。小瑄也非常坚信期待，与男友相见的那一天到来，殊不知等不到那天的来临，就接到男友传来简短的讯息，表示自己已另结新欢了，

第2篇　消除爱情的魔咒

请她别再等了,恍如晴天霹雳,让她难以置信,遍寻他的消息,可是他却如同一阵风,消失得无影无踪!

另一个实例,主角是一个六十几岁的男人,终在自己迟暮之秋,才找寻到此生最爱的女人。当初俩人因为环境的因素,无法缔结良缘,纵然从此不再相见,但深埋心中的情愫思念,未曾停止过,他也因此不再娶。

此消息经由媒体报导之后,他如愿以偿地寻到往日的情人,女主角感动地说:"没想到至今他仍思念着我,现在的我,早已做奶奶了,但老伴在前几年已走了,如今能再见老朋友,真是百感交集。"

至于最后,他们是否"有情人终成眷侣",留给你们自行想象吧!

或许等待是为了一个结果?还是只想保有期盼的心情呢?

内心驱使着!我们前往梦想的国度,灌溉经营,巴望着梦想有一天能开花结果,漫长的未知过程,是辛苦的,也是幸福的,值得给自己一个爱的鼓励,但痴

在玫瑰花充裕的光阴里,爱情是酒;在花瓣凋谢的时候,爱情是饥饿时刻的粮食。

爱情，是一根魔杖，能把最无聊的生活也点化成黄金。

心所等待的人、事、物，究竟何时该停止？还是该继续？

那就如同火车到站，就该下车往下个目标前进吧！

当我们还年幼之际，父母期盼着我们长大成人，步入社会之后，却又催促着我们成家立业，下一步当然希望早生贵子……

这一连串永无止尽的人生旅程，期盼等待看似理所当然，顺理成章，却非生命的最终目的，因诸法的聚灭，形同因缘种子的自然飘落，不该为此执着贪恋，迷乱心智。

朋友早年丧妻，这突如其来的变故，实在叫人难以接受，但是死亡的到来不总是如此吗？朋友说："我太太最希望我能送鲜花给她，但是我觉得太浪费了，总推说等到下次再买。结果却是在她死后，用鲜花布置她的灵堂。"这不是太令人唏嘘了吗？

"等到我大学毕业以后，我就会如何如何。"我们对自己说，"等到我买房子以后"、"等我最小的孩子结婚之后"、"等我把这笔生意谈成之后"、"等到我……

第2篇　消除爱情的魔咒

以后"……

似乎我们浪费大部分的生命，都用在"等待未来"，许多人认为必须等到某时或某事完成之后再采取行动！然而，生活总是一直变动，环境总是不可预知，在现实生活中，各种突发状况总是层出不穷，实难预料啊！

或许未来值得期待，所以我们要等待吧！到底这是给自己一个合理的理由，还是一个借口？

你是否曾想过，我们在等待的过程中，有没有履行当下该做之事？还是只是在虚掷光阴，什么事都没做？唯有"活在当下，面对一切"的人，才可获得等待的甜美果实。

佛经言："缘起性空，诸法轮转。"缘起缘灭，乃是人类无法违逆的自然法则，时间无法空待等人的。人生短短数十载的生命，时间未曾停止过，可惜你的内心是否早已停滞不前？

唯有继续前进，每当你于路边，再次瞥见一朵可爱的小花时，我想，你会忍不住发出会心的微笑，感恩自然赐予我们源源不绝的资源，实不容虚度一生！

> 闪电照耀一瞬间，而爱情却照耀一生。

爱的能量

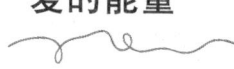

　　爱不但是一种慈悲的表现，而且当我们选择无私的去爱人时，一股源源不绝的能量也从我们的心中涌出，滋润与活化了我们的身体。

　　生活周遭朋友常说："她被感情伤得心痛不已。"一旦人的心受伤了，是药石难愈的，相信为了爱情而心伤，每个人都曾经有过，那种椎心刺骨的痛，痛到怀忧丧志，痛到连生命都想放弃。但是，究竟心受伤了，该如何修补呢？

　　每当我看见恋爱中的男女，脸上彷佛有光环加持，那就是"爱的能量"，贯通全身的奇效，如果一旦受到感情的挫折打击，就如同瞬间被刺破的皮球，"爱的能量"即刻爆破，只残留四分五裂的心……

　　面对受到感情创伤，少数的人可以自我调适，但一般人，会因为心伤，而"忧郁症"上身，或者假藉另

> 宇宙种子
>
> 食、色、性是人生的本质，然而只懂得着重食物的色相，却不懂得均衡营养的饮食观者，间接也赶走了健康财富！

第2篇　消除爱情的魔咒

一段恋情,来填补空虚伤痛。其实,无论用任何方法,都只是暂时的麻醉剂,压抑住一时的伤痛,可是,当麻药退去,你仍然必须面对自己的伤痕,与更深的痛楚……

有一位长期忍受先生外遇的朋友问我:"遮蔽住心中的阴影,如何去除?"

阴影的造成,常是一般人习惯性的将心事往内心里藏,往肚子里吞,不幸的,大部分的人,都高估自己抗压承受能力,日积月累的结果,身心的忧郁痛苦,一天比一天沉重,终有一天,会突然像火山爆发般的,来势汹汹。

而这位朋友,虽然不断地包容忍耐,期盼先生的回心转意,哪知所有的真心,却换来绝情!

最后,她再也承受不了内心的折磨煎熬,终在医生的判定下,得了中度的忧郁症,还差点住进精神医院。

如此为了爱,受尽痛苦委屈,令所有的家人朋友,多么不舍!

鲍罗说:"爱的真谛,就是精神的火焰。"

美妙的情欲关系,亦如健康的饮食观。

只有爱能够创造真正的坚实。

许多年前,一个名叫安妮的小女孩住在波士顿郊外的精神病院。她的房间就像一个"地牢",几乎看不到阳光。有时小安妮会攻击坐在"地牢"外面的人,其余时间则坐在角落,完全不理睬她的来访者。

医生认为"地牢"是这些精神病人最好的居所。他们几乎放弃了小安妮。但一位将要退休的年老护士却相信即使是无望的人,也应得到关爱。

有一天,她带给小安妮一些巧克力饼。小安妮对此视而不见,没有任何表示,但当护士第二天来"地牢"时,那些巧克力饼都不见了。从那以后,年老的护士每周都会给小安妮一些巧克力饼,陪伴她度过生命中最灰暗的日子。

不久,医生注意到小安妮正在改变。经过一段时期的观察,他们决定把她转到轻度病症房。最后,这个"没有希望康复的小女孩",被告知她能够回家了。

但小安妮却拒绝离开,她也想像那位年老的护士一样帮助不幸的人。多年后,她照顾和栽培了海伦·凯勒。

小安妮就是安妮·沙利文。海伦·凯勒,大家都知道,她改变了世界对残障人士的看法。当海伦·凯勒

第 2 篇　消除爱情的魔咒

处于人生的逆境时,是安妮帮她度过了难关。而多年前,当多数人对安妮不抱希望时,是那位不知名的护士给了她爱和温暖。正是因为有了这么多不断传递的爱,世界才变得如此不同。

唯有"爱的能量"是修补破碎的心最好的良药,当人们的心受伤时,非常需要家人朋友的温暖关爱。

若对感情受伤者,更重要的是,省思自己在此段恋曲中所犯的错误,用一颗宽大包容之心,原谅自己与他人,正面乐观地思考,以冥想、自我暗示的方式,补充"爱的能量",让自己的内心永保被爱的温暖感受,然后,耐心等待受伤的心慢慢痊愈,才能再次展现生命的热情活力吧!

对于父母之爱,现在许多父母都太心急了,要让孩子赢在起跑点上,揠苗助长的结果,累积出来的只是知识,而不是智能,经验丰富度不够,当然大必不佳。

我见过的所有有智慧的人,没有一个不是挑战社会的价值、信念,而活出自我的,他们犯了许多的错,最后选择了真理,这是真正有智慧的人,是别人取不走的。

爱不贵亲爱,而贵长久。

根据佛洛伊德理论,初生的小孩拥有很多ID,就是原欲,原欲里有三股力量,爱、性与破坏欲,这是最有创造力的能量,但是父母、社会、宗教等会使"我"渐渐压抑自己的原欲,产生"超我",当这部分愈来愈强时,原欲的部分愈来愈少,约束限制愈来愈多。

"我"的心里ID"原欲"和"超我"常常互相拔河,最好的状况是"超我"也能符合现实,原欲也占有很充分的比例。

因此,成熟的父母不要再压抑孩子的原欲,不要把孩子当作满足自己尊严,荣耀自己的工具。

回复人类最原始纯真的爱,传递爱的能量,温暖冰冷受创的心灵,让爱永不止息!

> 当我们付出关爱时,别单以自我主观的思考方式,一味加诸在他人身上,何不先了解对方内心的需求,才不会适得其反喔!

第2篇 消除爱情的魔咒

爱与美食的绝妙关系

失去爱人时，顿觉所有食物少了那份甜美滋味，只残留一丝淡淡的苦涩！

"爱"如同一部机器马达，正是发动电力来源的所在，一个人生命的动力，来自拥有"爱人与被爱"的能力。

可惜的是，大部分的人只有单项的功能，如一味地渴求情人、父母、朋友的爱，却不懂得付出。终有一天，能够给予爱的人离他而去之时，或许他方能明白"爱"之弥足珍贵！

"爱"就像是回力飞盘，抛出去的力量愈大，回转回来的速度与能量也愈强，虽然这是相对的，但却非绝对。

因此对他人真心诚意地付出，是不该要求同值的

真正的爱是稀世珍品，财富买不到，权势也占不了。

宇宙种子

> 真正的爱情像是美丽的花朵，它开放的地面越是贫瘠，看来就格外悦眼。

回报才去付出的,否则你可能不是得到"爱的能量",而是在要求的过程中,大感失望伤心!

"被爱的人",也应该慎重地选择,被爱的对象,被爱的程度。也就是被爱者,倘若因贪求一己的私欲,全盘地接受,将如同一个人,毫无选择地吃下过多的食物,它将造成身心沉重的负担!

时下的男女关系,形成错综复杂的"劈腿族",或许他们会归咎于开放的性爱关系,但根本的问题,究竟是禁不起诱惑,还是俩人的情意薄弱呢?

曾经有一位惯性的劈腿族友人,他说:"女人,如同一份美味可口的点心,对我而言,挑动味蕾的美食,当然多多益善最好,否则无法填满欲求。"

但对女人而言,美食之于爱情,则又多了一份味道的感觉!

朋友芷君说:"恋爱的感觉,好像一杯香醇的咖啡,配上浓郁甜蜜的巧克力蛋糕,刚好的点心配对是最对味的,甜品吃得过多只会令人作呕反胃。热恋之时,如同吃着麻辣火锅,辣得香汗淋漓,麻得舌间滚烫发热;分手后的感受,就像吃着隔夜的冷饭菜,有

第2篇　消除爱情的魔咒

着"食之无味,弃之可惜"的痛苦挣扎!"

上班族每到中午吃饭时间,最常问的一句话:"中午要吃什么?"每天吃腻了一成不变的便当,总希望变换新鲜美味的食物,于是一张挑剔的嘴,吃遍工作地点周遭的美食摊,吃尽"看似美味却不对味"的东西,如此反复受尽折磨的胃,终于发出抗议声,于是只好回归平实健康的饮食,才是真正最对味的美食。

美食之于爱,两者间有着相同的冲突与矛盾,到底诱人可口的美食重要,还是应以营养健康为诉求?

长期游走在两岸工作的小正,为了工作,非得适应着入境随俗,并且遍尝各地美食。

他说:"其实自己也很难抗拒好奇的神经,舍弃美食而不尝鲜的,但任何食物总有一定的保鲜期,品尝久了,仍然会吃腻的!"

这番话或许已娓娓道出,男人与出外游子的观感吧!

纵然吃尽山珍海味,总觉得少了"那一味",亲爱的人亲自下厨,所做出的最合你胃口的"家乡菜",或许纵然平淡无奇,根本比不上大厨的技艺,但它却拥

如果你是树上的花,我愿意是树；如果你是露水,我愿意是花；如果你是阳光,我愿意是朝露。

宇宙种子

有比任何大厨，多出的那份"爱的滋味"，那是一份恰如放在心中割舍不去，怀念不已的那个"味"吧！

但却也听闻对岸的同胞们，对食物的观点是无所不吃的，基于一种尝新怪异的刺激，举凡所有的飞禽走兽，无一幸免皆祭了五脏庙，完全没有对生灵的慈悲，甚至枉顾食物来源，是否可能危害身体健康？而台湾人，到了大陆，也许抱持着入境随俗的想法，勇于尝尽所有美味，但最后到头来，却可能弄得损财失去健康的代价！

帕克医生曾说过："对过度依赖他人者，只能成天忙着寻求别人爱他们，以致根本没有精力爱别人。像一群饥肠辘辘的人，只能跟别人要食物，自己没有一点点食物可资付出。其实他们心里有个无底洞，永远填不满，永远没有满足感，永远觉得少了一部分。他们无法忍受寂寞，更没有自我认知，惟有倚靠着与别人的紧密关系，来证明自我的存在价值！"

懂得处理『心灵伤口』的方法，能加速伤口的痊愈，才不至于留下过大的心灵伤痕。

第2篇 消除爱情的魔咒

宠爱其实是"害"

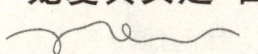

适度的爱,会让对方感到温暖,过度的爱,会使对方变得软弱。

自以为是,是你我在不自觉下常犯的错,习惯于将自己认定美好的事物,分享给我们所爱的人,甚至希望,能依循你认同的人生方向而行,或许对他们而言,正是内心疼爱的表现,殊不知那可能只是伤害!

A君没有显赫的家世,只是从小在父母的呵护宠溺下成长,于是逐渐养成"茶来伸手,饭来张口"的习惯。这个养尊处优的公子哥,成为时代的产物——"草莓族",每遇工作上的不顺挫折时,马上走人不干,总是拒绝面对一切,最后索性待在家里让父母奉养,可是双亲身体孱弱年迈,连养活自己都很困难,如何能负担儿子的开销。

过多「软弱的泪水」,只会使「伤口」加速发炎溃烂,懂得处理「心灵伤口」的方法,就能加速伤口的痊愈。

恨不是爱的对立面，冷漠才是爱的对立面。

为怕儿子捱饿，两老不顾尊严，向亲友不断地借贷，并且过着拾破烂的艰苦生活，然而他们不以为苦，心想只要让儿子能过得幸福健康就好了！

长久下来，他如同被主人饲养的宠物，虽年轻力盛但奋发斗志早已消失殆尽。当我再次看见他时，他两眼无神，步履蹒跚，感觉就如一个老头子。我曾询问过他的父母："为何他会变成如此？"两老感叹地说："原以为这样可以帮他，没想到反而害了他！"

当幼小的动物长大之后，自然必须离开父母的怀抱独立成长，为了填饱肚子，就会去觅食，此乃大自然的生物本能，而身为万物之灵的人类，常因一味地接受主人的供养，无形中顿失动物的原始本能！

换言之，对某些人而言，恶劣刻苦的环境，正可激发生命无限潜能的起端，亦如在十九岁花样年华之际，就罹患全世界仅有三十例的罕见疾病——"三好氏远端肌肉无力症"的新闻主播杨玉欣小姐，纵然她的身体是软弱无力的，精神却无比的乐观坚毅，心灵生活过得比正常人更丰盈健康。虽然病痛不曾远离，但她却洋溢着如阳光般灿烂的微笑，散发着对生命的希望活力。

第2篇　消除爱情的魔咒

每当媒体访问她："为何你还能如此开朗自信地面对人生？"

她引用尼采的名言说："如果你知道为何而活，就没有承受不起的困难。"她对人生的目标十分明确，因此，再大的艰难都阻止不了她勇往直前的动力！

是否你还在抱怨上天不公平，生活环境恶劣，父母给予太少，因此才导致你"有志难伸"的结果。其实那是逃避现实，不敢面对自己的恶果，即使生活自身的条件无法改变，别忘了上天赋予你悠游自在的心灵，千万不要将它囚禁于牢笼里，展开翅膀，飞向向往的天空！

乾隆时期，有一女子天生丽质，更奇怪的是，她身体会散发异香，人称香妃。乾隆帝对她大为倾心，执意纳之为妃，为讨其欢心，特在西宛建造一座"宝月楼"，供香妃居住，并常亲临探视，希其顺从。然而香妃性格刚烈，誓死不从，并身藏利刃，表示不屈决心，还时常因思念家乡而凄然泪下。皇太后得知此事，召见香妃，问她："你不肯屈志，究竟做何打算？"香妃以"唯死而已"相答，太后说："那么今日就赐你一死。"

爱情是灵魂的化学反应。

宇宙种子

爱情是理解和体贴的别名。

　　香妃顿首拜谢，于是趁乾隆帝单独宿斋宫之际，皇太后命人将香妃缢死。

　　这一个典故，描述着每一个千古朝代不变的定律法则，古代的皇帝后宫粉黛三千，可是当他特别钟爱一妃子时，便会引来后宫女子的争宠斗争，因人性的妒嫉心态作怪，最后反害她遭来无妄之灾或杀身之祸，若不幸得此结果，将带给任何一位"宠爱他人"者痛心疾首，悔不当初的后果吧！

　　从此故事也让我们得一启示，就是自认是悉心安排，所给的全心全意的爱，但并非合乎对方心中的需求，对方根本无法乐于接受一切！

　　总而言之，无论是爱情或亲情、友情间，一味因爱欲之心作祟，过度放纵情欲，还是过分的理智现实，无情寡义，到头来终究都只是一场伤害而已。因此，两者间需以"智慧"作为桥梁，取其平衡点为佳！

第2篇 消除爱情的魔咒

爱情恐惧症

人们爱好恋爱甚于结婚。因为,小说比历史更有趣的缘故。

朋友曼铃刚结束了七年的恋情,因她的男友是位"不婚主义"的支持者,然而曼玲却是一位标准的贤妻良母典范,虽然曼玲起初并不支持他的想法,但却在心里不断地洗脑自己,"为了爱他,我必须包容一切"。

但是随着年岁渐长,眼看着朋友早已结婚生子,而自己的感情却彷佛一直悬荡在半空中,不知何时能让她的感情落地"靠岸"?

她无奈地说:"或许,是我真的累了,也或许我早已厌倦了这份感情了。"

"这么多年来,我们经历了无数的大吵与冷战,全

渴望爱情的人,应先具备爱人的能力,试着移除心中的阴影,好让阳光照进来!

沉迷于爱情游戏之中的人,是寻觅不着『爱情』的。

因俩人思想价值观的背离,早已为我们埋下分手的结果,会有此结果早是意料中的事,然而,我总是舍不得放手,一而再的回头……"

在经过这次的感情挫败之后,曼铃对男女的关系反而害怕了起来;在此之后,她时常流连在"夜店",并且不断地更换男友,每个男友的交往通常不满三个月,迅速分手。

我开玩笑地说:"没想到,你的口味竟然如此的多变啊!"

她叹了口气说:"不是我口味多变,只是我再也不相信爱情了,我没把握能遇到维持长久稳定的感情关系……其实,我已没有勇气再谈感情了。"

"那你为何要放纵自己,这不像你啊?"我不解地问。

曼铃:"不知道,可能是孤独感作祟吧!我既惧怕爱情,可是却无法忍受没有爱情的枯燥日子。"

或许,她道出了在茫茫人海之中,勇敢追逐爱情,却怀抱着一颗猜疑不安的心,等待爱情到来的世间男女的心情吧!

可是我想,沉迷于爱情游戏之中的人,是寻觅不

第2篇　消除爱情的魔咒

着"爱情"的。

依照心理学家对"恐惧症"的诠释,认为假如"恐惧症"有经过"放大效果",最后会变成"反射作用",甚至产生"歇斯底里"症状。

譬如,当初他只是怕猫,但这个"恐惧"在他心中不断酝酿、放大,最后,他并不是怕猫,而是怕"对猫的恐惧",也就是精神科讲的,他害怕——"害怕"。接着,这个害怕让他变成神经质,一个猫的图片、一个可能是猫闪过的黑影、一个可能是猫的声音,都引发他"对猫的恐惧"神经。

最后,如果您让他跟猫锁在一个房间里,抓狂的可能是人,不是猫。

有个例子,在二战期间,德国科学家为了执行希特勒的命令,做了一项惨无人道的心理实验。他们告诉一位俘虏,将在他身上做一项实验——割断动脉,看他血流光后的生理反应。

士兵把战俘绑在实验台上,用黑布蒙上了眼睛,然后用很薄的冰块在腕上划了一下。同时,科学家在他的手腕上放了一个吊瓶——瓶里的水跟人体血液同温,吊瓶管子的一端,放在这个战俘的手腕上方。

爱是复杂的情感,但是也可能最单纯,爱是最恒久忍耐,但也可能容不下一粒尘埃。

嫉妒与爱情同时诞生，但是爱情死亡之时，嫉妒并不与它共亡。

水从他的手腕慢慢地流下，滴到下面放着一个铁桶里。这个战俘听着"滴答"、"滴答"的水声，以为是自己的血在往外流。然而,他的手腕并没有被割破。

过了一个小时,这个战俘真的死了,他死去的反应跟失血而死的人一模一样。

他相信自己被放了血,最后因恐惧导致死亡。

爱情如同一面"照妖镜",如实地反射出俩人的相应关系；比如,你对爱情是猜疑不安的,他的心理也会自然地反应出相对应的状态。

自认已患有"爱情恐惧症"的世间男女,别心急地想再寻找另一个"爱情的出口",因为"带病出征"的结果,可能只会加重病情的复发。

故此,首先你要找出引发心中恐惧的起因,"面对恐惧,不是逃避它,而是面对它,方能对症下药地根治它！"

第3篇
拿起智慧的钥匙

人类的智慧就是快乐的源泉，
智慧的最大力量就是
能够在平凡中发现奇迹。
但是当智慧骄傲到不肯哭泣，
庄严到不肯欢乐，
自满到不肯看人的时候，
就不是智慧了。
当智慧被锁起来时
我们就需要拿起钥匙来打开它。
智慧，不是死的沉默，
而是生的深思。
假如没有智慧，
我们的人生就如同没有
星辰明月的黑夜。
智慧是一种透视，
一种思想，一种远见。
铁不用就会生锈，
水不流就会发臭，
人的智慧不用就会枯萎。

顺势而为，逆流而上

> 顺应环境机会的趋势而为，以突破改善人生思考作法而行。
>
> ——高境大师

行云流水人间过，不留乌云在心头！

"知命才能运命"，或许这句话，有些人并不能认同，但只要了解命运者，或有亲身经历者，必能深刻体会此番话之真义。

但是，一般的人，想了解自己的命运并非易事，唯有透过大智慧者的指引，了解掌握自己的人生方向，在茫然的人海中，寻找到人生的"指北针"，为一时昏乱的方向感，找到前进的指标。否则，对于深陷"迷魂阵"的人们，几时方能寻觅到正确的出口呢？

开车奔驰在高速公路上时，倘若道路、车况通畅无阻，大部分的驾驶者，会因太过顺畅，精神状况自然松懈，马力加速，因此，看似通畅的路段，却是最易出事的地段。

　　有人曾说过："最安全的地方，就是最危险的地方。"故此，在人生的道路上，亦是如此，人生顺遂之时，最怕"得意忘形"，而一败涂地。

　　虽是顺势而为，也应居安思危，谨言慎行！

　　巧逢人生的道路，蜿蜒崎岖，滞碍难行时，亦如开车碰到修路车多的路段，且遇"红灯"时，你就必须停车等候。直到亮起"绿灯"时，并非就可横冲直撞地前进了，仍须观看前后左右来车后，才可依循观察判断缓慢前进。

　　但是，碰到此种路况时，无疑是对驾驶者最大的考验，测试他们是否具备有足够的智慧耐力，可以突破重围而出！

　　其实，你我也经常碰到塞车或车祸肇事的路段，除非是必经之路，否则一般的人，皆会绕道而行，有句话是这么说的："希望在转角。"或许转个弯，换个方向，依然能到达目的地，不是吗？

　　罗马诗人朱文诺说："假如我们有先见之明的话，命运之神啊，她将不再是神了。"

心灵的归宿无须外求，因天堂就在眼前！

宇宙种子

智能胜于知识。

逆境现前，见机行事，智慧开路！

在美国麻省 Amherst 学院曾进行了一个很有意思的实验。实验人员用很多铁圈将一个小南瓜整个箍住，以观察当南瓜逐渐地长大时，对这个铁圈产生的压力有多大。最初他们估计南瓜最大能够承受大约 500 磅的压力。

在实验的第一个月，南瓜承受了 500 磅的压力；实验到第二个月时，这个南瓜承受了 1500 磅的压力；当它承受到 2000 磅的压力时，研究人员必须对铁圈加固，以免南瓜将铁圈撑开。

最后当研究结束时，整个南瓜承受了超过 5000 磅的压力后瓜皮才产生破裂。

他们打开南瓜并且发现它已经无法再食用，因为它的中间充满了坚韧牢固的层层纤维，试图想要突破包围它的铁圈。为了吸收充分的养分，以便于突破限制它成长的铁圈，它的根部甚至延展超过八英尺，所有的根往不同的方向全方位地伸展。

由南瓜的承受力领悟人生。我们对于自己能够变得多么坚强常常毫无概念。假如南瓜能够承受如此

第3篇 拿起智慧的钥匙

庞大的压力，那么人类在逆境下又能够承受多少的压力？

大多数的人能够承受超过我们所认为的压力。因为你拥有比你想象中大得多的潜能。只要像小南瓜一样，将绑住你的铁圈挣脱，就没有什么困难能够阻挡。

有一则哥伦布所发生的故事。

在一次宴会上，一位客人对哥伦布说："你发现了新大陆有什么了不起，新大陆只不过是客观的存在物，刚巧被你撞上了。"

哥伦布没有和他争论，而是拿出一颗鸡蛋，让他把它立在光滑的桌面上。

这位客人试来试去，无论如何也不能把鸡蛋立起来，终于无能为力的住手了。

这时，只见哥伦布拿起鸡蛋猛力往桌面上一敲，下面的蛋壳破了，但鸡蛋稳稳地立在了桌面上。

之后，哥伦布说了一句颇富哲理的话："不破不立也是一种客观的存在，但是有人就是发现不了。"

在固定的思维模式中，发现深蕴其中的创新哲

越是睿智的人，越有宽广的胸襟。

宇宙种子

认识自身的缺点，是一个人最高的智慧表现。

理！

　　有如一条湍流不息的溪水，当所有水中的生物，不断地往下游流动时，在思考力、智慧度方面，你必须成为那条力争上游的鱼，或许，你会鄙弃如此困难的事，天下有谁能做得到呢？那种不为世俗人所认同的精神作为，可简单称之为"大智若愚"，看似傻人所做的傻事，却是一位追求"智慧"者，必经行走之路。

　　顺逆交错的人生旅行，考验与关卡横阻于前，如意之时，驰骋向前，却无心留意欣赏沿途风光之美妙，忽然在寸步危艰的路上，忽遇心中的"桃花源"。

第3篇 拿起智慧的钥匙

转换心中的牛角

如果我比笛卡儿等人看得远些,那是因为我站在巨人的肩上而已。

——牛顿

你把牛角给它放大到人可以钻的大小,仔细看看牛角的形状:入口大而慢慢缩小且呈螺旋状。试想你正面朝前的往内钻,要是明知接下来,已无法再容纳你的身躯,却不知暂停,死命想穷及究竟,到最后终将进退不得。

就好比你遇到了一件烦心的事,想解决已经是心有余而力不足,却偏往坏处想,不知退一步海阔天空,那必定是得不到任何正确的结论。

一般而言,每个人的内心潜质里,都进住着或多或少的"牛角先生",它可能是一出生即跟随着我们,还是后天环境的塑造?

流转在物欲的世界里,却自以为是走在时代的尖端,殊不知可能被流行的浪潮吞噬自己。

宇宙种子

宇宙种子

眼睛与耳朵须不被表象的事物执着迷惑，须知实际的真相为何？

明莉处事方式，总是比一般的人更细腻敏感，每遇生活中的不顺遂与挫折，都能让她的情绪崩溃。这次她遭逢婚姻中重大危机，那就是她先生外遇变心，根本让她承受不起，朋友纷纷劝她，"倘若老公早已变心，不如趁早离婚，还彼此自由吧！"

可是她却不是这么想的，对她所失去的幸福，心中充满忿忿不平的报复心理，同时也不可能让先生好过，甚至不惜与他玉石俱焚，如此纠缠不休的结果，弄得两败俱伤，他的先生离家不归，她也从此忧郁症缠身。

反问自己，在面对烦心之事时，是否常往"死胡同"里钻，即便已知那是条死巷，可能会让你身心困顿，却也乐此不疲吗？

从前有两个年轻人，一个叫小山，一个叫小水，他们住在同一村庄，成为最要好的朋友。由于居住在偏远的乡村谋生不易，他们就相约到远地去做生意，于是同时把田产变卖，带着所有的财产和驴子到远地去了。

他们首先抵达一个生产麻布的地方，小水对小山

第 3 篇　拿起智慧的钥匙

说:"在我们的故乡,麻布是很值钱的东西,我们把所有的钱换取麻布,带回故乡一定会有利润的。"小山同意了,两人买了麻布,细心地捆绑在驴子背上。

接着,他们到了一个盛产毛皮的地方,那里也正好缺少麻布,小水就对小山说:"毛皮在我们故乡是更值钱的东西,我们把麻布卖了,换成毛皮,这样不但我们的本钱回收了,返乡后还有很高的利润!"

小山说:"不了,我的麻布已经很安稳地捆在驴背上,要搬上搬下多么麻烦呀!"

小水把麻布全换成毛皮,还多了一笔钱。小山依然有一驴背的麻布。

他们继续前进到一个生产药材的地方,那里天气苦寒,正缺少毛皮和麻布,小水就对小山说:"药材在我们故乡是更值钱的东西,你把麻布卖了,我把毛皮卖了,换成药材带回故乡一定能赚大钱的。"

小山拍拍驴背上的麻布说:"不了,我的麻布已经很安稳地绑在驴背上,何况已经走了那么长的路,卸上卸下太麻烦了!"小水把毛皮都换成药材,还赚了一笔钱。小山依然有一驴背的麻布。

后来,他们来到一个盛产黄金的城市,那充满金

只有心灵的改善,才能获得真正的智慧。

宇宙种子

智慧是勤劳的结晶，成就是劳动的化身。

矿的城市是个不毛之地，非常欠缺药材，当然也缺少麻布。

小水对小山说："在这里药材和麻布的价钱很高，黄金很便宜，我们故乡的黄金却十分昂贵，我们把药材和麻布换成黄金，这一辈子就不愁吃穿了。"

小山再次拒绝了，他说："不！不！我的麻布在驴背上很稳当，我不想变来变去呀！"小水卖了药材，换成黄金，又赚了一笔钱。小山依然守着一驴背的麻布。

最后，他们回到了故乡，小山卖了麻布，只得到蝇头小利，和他辛苦的远行不成比例。小水不但带回一大笔财富，把黄金卖了，更成为当地最大的富豪，他又乐善好施，因此子子孙孙都成为有福报的人。

其实，钻牛角尖也非全然的坏处，可从优缺两方面来说："优点，追根究柢！缺点，死心眼！"

亦如发明家牛顿，小时候个性有点孤僻内向，而且在学校的成绩并不优秀，可是对于一切他不明白的事物都很感兴趣，并且会不厌其烦地动手去做实验。

第 3 篇　拿起智慧的钥匙

牛顿一个伟大的发现，就是发现了"万有引力"。事实上，万有引力的概念早就有人发现并且提出来了。跟牛顿同时期的一些科学家，都曾经想要证明万有引力的存在，可是，只有他利用数学原理，证明万有引力适用于一切物体，而且证明了地球上的重力与物体间的引力本质相同。

假设我们可以将充沛的执着，好奇的潜能，转换成无穷的开创动力，应用于生活之中，必能打破世人对于"钻牛角尖"的定义，或许它也能是称赞的意思耶！

智能的可靠标志就是能够在平凡中发现奇迹。

宇宙种子

住在幽灵王国里的人

为什么你要一味地信任别人的说法，而不用自己的眼睛去观察了解呢？

——伽利略

宇宙种子

让我们的内心随时能够被净化，即使混浊了，透过沉淀心灵的力量，亦能日益清澈宁静的。

地球上本就是一个"虚虚实实"的迷宫，只要一不小心，即会踏入"虚幻"的陷阱，而身陷"幽灵王国"之中。

有人会很好奇"幽灵王国"究竟在何处呢？其实它就在我们的生活周围，而大部分的民众皆住在那里……

一味追逐着"时代风潮"，无论"食衣住行"，甚至是"人与语言文化"，皆不放过，自认为那是"时尚入流"的表现，因为只要是众人认定的人、事、物，就是大家"崇拜追逐"的目标，不加思索考虑地接受，此乃"幽灵人"的表现。

第3篇　拿起智慧的钥匙

失去判断的方向感，分不清楚智慧为何物，沉溺于物欲的追逐中，依靠着科技文明的发明，却失去了动脑思考的空间，对于生活过度依赖而迷失的人，正走向前往"幽灵王国"之路……

小艾周围的一群朋友们，号称是时尚名媛，她们在一起的共同话题，就是讨论着哪位明星的穿着打扮如何，举凡食衣住行的流行趋势，无一不晓，因为如果不知道的人，必定会被取笑为落伍者。

甚至疯狂着迷地追逐一切她们所认定的时尚生活，而她们往往自视甚高地看轻那些所谓落伍之人，可惜却不知自己正住在"幽灵王国"里。

因此，"幽灵王国"不住两种人，第一种"自我主见"强，"只相信自己"的人，另一种为"智慧者"，因他们皆有一个共通点，他们不相信别人的思考判断，他们相信自己的想法，不轻易受他人左右。

但第一种自我主见强者，假若一味固执己见，所思所言，并非正确思想，那么即便不住幽灵王国，却住在象牙塔里，因此不是自我主见强，而是需提升智慧判断力才行。

心灵的净化剂，正是『智慧』。

宇宙种子

智慧的美胜过形体的美。

土光敏夫是日本东芝公司的创始人,在他的年代里,日本企业都遵守"货出厂门不认货"的传统。但土光敏夫在石川岛公司做总经理期间,却改变既定的规则,开立先河;客户进货后不满意,可以退货。

有一次,一台已经安装好的锅炉发现漏油现象,经技术人员检查后,判定为结构上的缺陷,于是土光敏夫当即下令,将该型号锅炉从各家客户那里收回,总数达六十台。

当他收回这六十台锅炉时,公司里的职员议论纷纷;有些人说,假如这些收回的锅炉修改后没有毛病了,但那些客户却不想要了,这样子岂不是血本无归吗?

但当收回的锅炉经变更设计后,消除原先的缺点,再向那些客户发货,居然没有一家客户退货。

人们不仅为土光敏夫的这招出奇致胜,不按牌理出牌的奇局深感折服,而且至此之后,客户们更加的信赖石川岛公司了。

土光敏夫屡出奇招的作风,引起了竞争对手的不满,他们忿忿不平地说:"生意人要遵循共同的经济原则,但土光敏夫这个家伙根本不管游戏规则,不择

第3篇　拿起智慧的钥匙

手段地达到自己的目的，这样还算是一位企业家吗？"

对这些攻击，他根本不理会，依旧采用创新独特的经营手法，最后建立了东芝王国。

我想他心中必定明白，一味地做个盲目的跟随者，墨守成规无法创新改变的作法，终有一天会被这个时代的潮流淘汰的；因此勇于创新改革的人，方可蔚为时代风潮的引领者！

大部分的人最喜欢讨论的议题是"八卦与流行"，经由媒体大势炒作之后，就会如同"磁铁"般的吸引一窝蜂的人群，争相谈论模仿，总是认为，只要大多数的人认同之事，即是对的，也可代表一种"真理"，殊不知，"真理代表永恒不变"的法则，岂是"与时遽迁"之人、事、物呢？

为防止自己走向"幽灵王国"，"了解自己，不模仿他人"，为首要的课题。

再则，必须有"自主的思考判断"，与高境大师所言："听不动心，看不执着"，意旨"耳朵不因言语而动心，必须知其此话背后的动机为何？眼睛与耳朵不被

智慧是经验的女儿。

表相的事物执着迷惑,须知实际的真相为何?"

凡事能以此"超然客观"的态度看待一切,将能透彻明白事实真相的。

智慧的获得不在于年岁,而在于品性。

你的心灵很清澈吗？

真正的美德如河流，愈深愈无声。

——哈利法克斯

静静徜徉在河边的溪水，骄傲地向世人炫耀自己的洁身自爱，总是在众人面前呈现清澈见底的模样，可是当一阵风雨过后，湖面混浊不堪，杂乱无绪的样子，也许，这才是它潜在的原本面貌吧！

站在镜子面前，看见的是外表的模样，却照不透内心的原貌，可能你根本不在乎内心真正的模样，但它却是你午夜梦回，一人独处时的真实面容。

世间男女，早已习惯假相中的自我吧！

不然为何，经常在失恋的夜晚心痛失眠，却在旧情人面前佯装成一副莫不在乎；明明内心缺乏自信，自卑不已，外表却是一副冷酷骄傲的样子！

藉由助人的过程，启发智慧、淬炼心志、经历人生、而后圆满一切！

宇宙种子

宇宙种子

智慧在于一件事，就是认识那善于驾驭一切的思想。

人类的自我保护色，为自欺欺人的行为找到合理的借口。其实，"自欺欺人"者又分为二种人：一种人是明知自己的行为，却乐此不疲地玩伪装游戏；另一种人，则无视自己内心的想法，或者是已将心门关闭起来？

小震是一家贸易公司的业务经理，每当他回想起刚步入社会那时的自己，心中就有很大的感慨。虽然这几年的人事历练，使他在待人处事上更稳重干练，却在心境上，历经风霜波折，而早已远离单纯的本质。

每当自己一人独处时，看着自己所拥有一切丰足的物质生活，方知这所有的一切，都是拿自己的灵魂交换得来的。

忙碌紧张的生活，刚开始，只是人类为生存的竞赛，后来演变为求物欲生活而斗争，忽略了内心世界的空虚寂寞，有如"一滩不流动的死水，静静地等待发臭污秽"。

你是否经常与自己的心灵空间真正地相处呢？还是根本没有时间和勇气面对它，静待它一天天地发

第3篇 拿起智慧的钥匙

臭腐烂而坐视不管呢？一个不曾理会内心世界的人，他的人生似醉未醒，迷惘无知！

在认识的人当中，常可发现"年龄不等于智慧"、"学历不等于智慧"的人，或许你会纳闷，"智慧"是什么？如何论断呢？的确那是很难评断的，勉强说是"通达人情事理，圆融无碍的处事哲理"，更正确的解释是，他的思考行为模式是否"依循真理而行，而不偏不倚"呢？

小武是位任职于 BMW 汽车公司的顶尖销售经理，在一次销售业绩勇夺全国之冠的颁奖中，主持人要他分享在营销的过程中，所遇到的最令他印象深刻的事。

他说，六年前的自己，只不过是一位刚入行不久，业绩普通的菜鸟。

就在某一天，接近下班的时刻，店里来了一位衣衫褴褛，手提一个塑料纸袋，穿个夹脚拖鞋，身材微胖，说着台语口音的中年男子，走进店里表示想看车子。

其他的同事们，大概看此人一副穷酸样，都用下

智慧只是理论而不能付诸实践，犹如一朵重瓣的玫瑰，虽然花色艳丽、香味馥郁，凋谢了却没有种子。

班时间已到为借口走了，而他却自愿留下来服务这位客人；于是客人好奇的询问："你为何想留下来呢？"

小武说："我认为客人进门，无论会不会向自己买，不分贫富贵贱，我都应该一视平等地尽心为顾客服务，使其满意。"

客人听完后，微笑地说："这个社会上，就是缺少像你这么真心热诚的年轻人了，我相信你将来会很有前途的。"

经过小武细心的解说后，客人表示愿意买下两部车子，并从手提袋中拿出现金付订。

小武当时彷佛做梦般地望着他，客人对他说："年轻人，这一切都是真的。"并掏出名片给小武。原来，他是一家上市公司的董事长，而他那天来的目的，一来买车，另一方面为"测试人性"。

小武说，他能有今天的成就，归功于这位事业上的贵人，他不但陆续地为小武介绍许多客户，也启发他做人处事的道理。

有了这次经验后，小武深刻地体悟到"人不可貌相，海水不可斗量"。

智者的坚定不过是把焦虑深藏于心的艺术。

第3篇 拿起智慧的钥匙

亲爱的你,唯有使自己保持澄澈的心灵,敏睿的智慧,方可照见表相之内的世界为何?

因此,心灵的净化剂,正是"智慧",我们在人生遇到挫折难关时,点一盏指引的明灯,让我们在许多的困境迷惘中,渐渐觉知、觉醒起来,使人生的错误不再重蹈覆辙,才有能力不断地提升精神与生活的质量。

"智慧清明的生活",并非一种高论,因为"追求高质量的生活,是离不开智慧的",朋友们,一起努力吧!

智慧有三果:一是思虑周到、二是言语得当、三是行为公正。

透视分别心

宇宙万物,乃清中有浊,浊中有清。

——高境大师

身心压力的累积,如同濒临爆破的汽球,那么你是任由它爆破?或是将潜藏的气舒解飘散?

"分别心",即心对境起作用时,取其相而思维量度所引起。亦即对现前之事物产生是非、善恶、人我、大小、好坏、美丑等种种之差别观感。

无量清净平等觉经:"平等者,名为真如,乃至平等者,即不二法门。"

经典所言,无非要世人以平等无分别的心,看待世间万物,岂料世人对于人、事、物,必然存在着爱好厌恶、亲近远疏之自然分别心。诸如:我看到某人时,即十分的投缘喜欢,看到某人时,却产生了排斥厌恶感,这又该如何解释呢?

世间的人会说:"投缘"、"缘份"、"志趣相投"……

第3篇　拿起智慧的钥匙

等。但其中所真正包含的原因，可能有先天与后天的因素。后天的原因，可能有"主观的爱好"、"个性兴趣"……等因素；先天的原因，所指为"思想、理念、智慧"之问题。

你应该满足自己的命运；任何人均不可能在一件事物上永远都是超人一等。

就以这个故事来比喻：在一处建筑工地里，堆满了许多大小石子。大石子高傲地立在那儿，而小石子却默默地散落在阴暗的角落里。有一天，大石子与小石子相互讨论着彼此的价值。

大石子说："盖房子时，人们总是先挑选我，而我常常就是房子中的主柱。"小石子自知不如大石子，也不敢多言。

没多久，建筑师来了，果然他先挑选了大石子，将大石子放进梁柱里，大石子也拼命地将身子挤进去。可是任凭大石子使出浑身的力量，也无法将梁柱固定牢靠。

建筑师见状，对施工人员说："光塞大石头是不够的，在石柱的空隙里，最重要的还是要塞一些小石

拥有智慧，一切皆安然自得。

宇宙种子

智慧充斥着海洋和大地的纵深处，使我们的思维直冲云霄，穿过茫茫宇宙，为我们指引道路。

头，这样才能将梁柱固定妥当。"

此时大石子不好意思地对小石子说："我虽大，却使不上劲，多亏你来了，我才有力气将这梁柱支撑起来。"

小石子也客气地对大石子说："这都是靠我们通力合作才能完成，功劳是大家的。"

天生我材必有用，芸芸众生里，如果你不是那颗大石子，做个安身立命的小石子又何妨！

在这个社会上，我们习惯性的对于站立在金字塔顶端的人，给予无限的掌声，并为他们戴上闪耀的光环，却常常忽略在这些人的背后，默默无名的英雄，小到只是为我们煮饭、打扫环境的人，看似微不足道，可是只要我们能因材适用，放在对的位子上，纵使一颗小螺丝钉也是缺一不可，并能发挥大作用的！

现在，就以人为何会产生"分别心"的问题，做一番深入的剖析，以高境大师启发我们的，可能有以下的原因：

1. 这个宇宙之间，本就存在着"阴阳两极"之分别，故这世间，自然存有"一体两面"之事物，有男即有女,有爱即有恨,有是即有非,有明即有暗等……

2. 因众生各自的因缘聚合因素不同,就会产生此种的交互变化。

3. 主观的思考,左右个人的判断。

4. 磁场的相契,产生良性的互动。

5. 思想、理念、智慧之投合。

其实,"分别心"是存在于地球之中的,存在于每个人的身上的,那么该如何做,才能达到"无分别心"之境界呢?

冥冥之中牵引着有缘之人,心中对彼此的好感想念自然多点,因此要做到没有分别心,似乎困难点,但我们在处事上,至少应该做到公正无偏颇。

高境大师点化我们,凡事"一切心中明白"就好,如此,自然能无分别心,也就是说,在地球之上,既然存在着"阴阳两面",万事自然无两全(完美),世间的一切,同一人、事、物,存在着好的一面,即有另一面不完美的存在。

所以,由此得知,一切的人、事、物并无好坏、善恶之分,一切的分别只是来自个人"主观单面"之判断

智慧不产生于学历,而是来自于对知识终生不渝的追求。

宇宙种子

破除你我心中既定的框界，将可鸟瞰更广阔的世界。

而已。因为，善与恶是同时存在一个人的身上的，每个人若能有如此透彻的领悟之后，方能以"平常心"看待世间的一切，"分别心"也自然荡然无存了。

第3篇　拿起智慧的钥匙

寻找人生定位

明白自己的优缺点，随时做好准备，机会就会来敲门。

只有愚人才会拒绝智慧的良言。

小玉是某家计算机公司的总务，她长得清纯可人，因为她的热心服务，在公司人缘很好，每天她都非常忙碌地周旋在主管与同事间，忙到有时根本没有时间吃饭，一会儿是同事，要她帮忙买便当，一会儿主管要求她去接他的小孩下课等……

虽然她知道这些事情，都是超出工作范围之外的，但是因为个性使然，让她根本不知如何拒绝。在她的内心里，总觉得自己好像是公司请的菲佣，只是个打杂工。从那一刻起，内心的自卑感不断蔓延，自信与笑容慢慢从她脸上溜走，每当她看见同事们，对工作的那份"专业自信"感，深藏在她心里仅有的自

不耻下问者求智易，趾高气昂者得智难。

尊，就会彻底地崩溃……

直到有一天，公司来了一个善解人意的男同事，似乎看穿她的心事，他走到她的身边，温柔地对她说："其实我觉得你是个特别的女孩，我认为在这个世界上，天生我材必有用，只是你不了解自己而已。"

他的话深深烙印在她心上，于是她开始找寻自己的潜能。她发觉自己在公司学到多方位的事物，况且，长期以来的好人缘，让周围的同事朋友，遇到需要帮忙时，很自然地就想找她，或许她就是拥有一种值得他人信赖的特质吧！

直到现在，她终于发觉出自己的独特潜质，心想长久以来，就喜欢服务帮助他人，为何不将它做为一种"利人利己"的行业呢？

于是，她离职后，自组一间小型的公关服务公司，开启服务中介的生涯，因为所做的事情，与本身的兴趣潜能相符合，即使工作再怎么辛苦挫折，她也甘之如饴，乐在其中！

当我再次与她碰面时，她告诉我："目前我的公司，已扩展成为中型企业了！"

第3篇 拿起智慧的钥匙

我好奇地问:"你到底怎么办到的!"

她说:"其实这社会上,渴望被服务帮助的人实在太多了,我只是竭尽所能地满足他们而已!"

一般人,时常生活在别人的想法、看法中,却渐渐地淹没自己,自己反而是最不了解自己的人。

如果能正确地"找到人生定位",就如同一艘船,在大海中有了航行的指标,那么你才不会再迷失方向喔!

读教科书的时候,我们知道孙中山先生说过一句话:"不要做大官,要做大事。"一百多年后的今天,在当前的社会和经济活动环境下,这句话也许可以加另一个引伸:"不要做大事,要做适合自己的事。"

不要做大事,要做适合自己的事。也就是不要只注意热门的行业,不要只注意高的职位,而要做自己性格和能力适合做的工作。只有在这时候,我们工作的力量才会发挥到最大。

但这很不容易。因为,这牵扯到对自己,以及对这份工作的清楚认识。有人在这种认识的过程里,很幸运,很快就掌握到了,有人则不然。

二十岁的人,意志支配一切;三十岁时,机智支配一切;四十岁时,判断支配一切。

宇宙种子

一个人如果不是真正有道德，就不可能真正有智慧。

比尔·盖兹，是个幸运中的幸运代表。他就读哈佛大学法律系时，便认识到最适合自己投入的行业是计算机，于是辍学改行创立了微软。最后，他不只做了件适合的事，也做了件大事。

美国著名的成功学大师奥里森·马登曾讲述过一个发生在他童年时的故事。

故事的主角是一个叫"翅儿"的姑娘，她的本名叫玛丽，之所以叫"翅儿"，是因为她的右臂被车撞过，虽然没有折断，但却被固定成为一种可笑的V字形。它从肩头向外突出，小臂向内弯曲，指向她的腰部，正好构成一个V字。这个V字可以前后摆动，指头也略可屈伸，但就是不能展臂。

当她奔跑时，她的膀子像飞鸟一般地扑动。因此，从那以后，大家都叫她"翅儿"。因为她残废了，大家都耻于与她为伍。换了别人，也许会自暴自弃下去，可是翅儿并不气馁，她仍旧快乐地生活着。

一天，马登和他的伙伴正在河边玩耍，突然，一个叫瑞德的男孩落水了，他被夹在一艘船和码头中间，一只脚被卡住了，他大喊救命，马登和其他孩子想搭救他，但却没有足够的胆识。有人去呼救。翅儿来了，

第3篇　拿起智慧的钥匙

一只臂膀摇来摇去,好像稻草人被风吹着一样。她在码头边沿跪下,并且将左臂伸向瑞德,一下子将他拖了出来。不久,这个残缺的,不受欢迎的小女孩,被孩子们推为首领。

因此,纵然你也存在着太多的缺憾,但千万别看轻自己,只要勇于发挥所长,定能找到人生的定位的。

或许你会埋怨,机会往往属于好运者,永远不会属于自己,那你就错了,当你这么想时,你正在将机会的大门锁住,纵然机会再次敲门时,你也因心生怀疑而不再开门了!

人生如同一场精采丰富的旅行,为了寻觅心中的桃花源,在旅途中无论多么艰苦,也应勇敢向前,这样你的辛苦才不会白费!

助人的哲学

助人其实是自救的行为表现！

宇宙种子

清楚自己，就能找到人生中所应该扮演的角色。

由心理学的观点，来看待助人的社会行为之原因。

莫非发自于"同理心"或"同情心"被激发，所导致的一种利他的助人行为，因让对方产生正面的影响，而获得如此愉悦的心情！

当前的一些社会机构，也是以助人为前提所产生的，凝聚众人的爱心，达到利他的行为。然而深度的助人举动，须具备透彻事理，与引导开解他人心结的卓越智慧。

由许多的社会新闻得知，曾有人为了拯救他人别跳楼或坠海，本是救人者，反成为"案主"，原本的案

第3篇 拿起智慧的钥匙

主没有事,救人者,却因此坠楼落海,因而受伤或死亡,然而此不幸的事件,是没有人所乐见的!

面对想助人者,不禁心想该用怎样的方式助人,才可达到真正助人的目的?

以下我归类出四大项,这是助人者该考虑的重点:

一、首先需衡量自身的能力,与被救助者的实际情况:

所谓"助人为乐",但相反的,若没有足够的智慧与能力,反而会弄巧成拙,适得其反。如同一位不谙山况的人,却冒然想进入山中救人,而让自己身入险境之中,救人者反成为被救助者。

二、被救助者,应处于想"自救"的状态之中:

简而言之,如同一位溺水的人,不断挣扎着伸出双手来,渴望被援助。相对的,也有人一心只想寻死路之人,无论你怎么想尽办法救他,他却一步步朝向地狱之门走去,纵使你使尽全力想帮助他,仍是徒劳无功。唯有拯救他的心,令他自己由内而外,产生想活下自救的动机!

知识可以言传,但智慧则不然。

宇宙种子

知识如树叶，它的生命总是由新生到枯黄。

三、切勿只看见事态的表象，就盲目地帮助：

曾有一个社会案件，A男为了筹措母亲的医药费，铤而走险运毒，并怂恿女友协助运毒，她也因一时的同情心与感情作祟，就共同参与此事，直到被缉捕之后，依然不悔，为了保护男友，仍想独自地扛起全部的责任。

若是这种方式的帮人，非但帮不了人，反而害了自己啊！

因此在帮人之前，请先深思熟虑，透过正确的评估分析之后，找出对救助者最适切的帮忙。

四、事有前因，物有终始：

曾经有位街友，终年流离失所，在难忍贫病饥饿之下，他决定控告儿子弃养。在法庭上，终于了解儿子为何弃养的原因。他的父亲早年吃喝嫖赌样样皆全，散尽所有的钱财，才成为现状，并对家庭毫无责任可言，他靠着母亲茹苦含辛养大，对父亲的感觉，只有怨恨，毫无感情可言，他现在的一切皆是自作自受。

其实人世间的事相，皆只是表面而已，人类累劫

第3篇　拿起智慧的钥匙

历世的遭遇,演变成为今世的果。故此,知其事情的真相与原由,方可达到助人的真正目的!

有个真实的案件,发生在一九二〇年十月,一个漆黑的夜晚,在英国斯特兰腊尔西岸的布里斯托尔湾的洋面上,发生一起船只相撞事件。一艘名叫洛瓦号的小汽船跟一艘比它大十多倍的航班船相撞后沉没了,104名搭乘者中有11名乘务员和14名旅客下落不明。

艾利森国际保险公司的督察官弗朗哥·马金纳从下沉的船身中被抛了出来,他在黑色的波浪中挣扎着。救生船这会儿为什么还不来?他觉得自己已经气息奄奄了。渐渐地,附近的呼救声、哭喊声低了下来,似乎所有的生命全被浪头吞没,死亡一般的沉寂在周围扩散开来。

就在这令人毛骨悚然的寂静中,突然完全出人意料,传来了一阵优美的歌声。那是一个女人的声音,歌曲丝毫没有走调,而且也不带一点儿哆嗦。那歌唱者简直像面对着客厅里众多的来宾在进行表演一样。

马金纳静下心来倾听着,一会儿就听得入了神。

> 知识能够诱发智能,是打开智慧大门的钥匙,但它不等于智慧。

宇宙种子

顺逆本是自然,无须惊慌失措,乱了方寸,智慧带领我们,勇闯人生。

教堂里的赞美诗从来没有这么高雅;大声乐家的独唱也从来没有这般优美。寒冷和疲劳刹那间不知飞向了何处,他的心境完全复苏了。他循着歌声,朝那个方向游去。

靠近一看,那儿浮着一根很大的圆木头,可能是汽船下沉的时候漂出来的。几个女人正抱住它,唱歌的人就在其中,她是个很年轻的姑娘。大浪劈头盖脸地打下来,她却仍然镇定自若地唱着。在等待救生船到来的时候,为了让其他妇女不丧失力气,为了使她们不致因寒冷和失神而放开那根圆木头,她用自己的歌声给她们增添着精神和力量。

就像马金纳借助姑娘的歌声游靠过去一样,一艘小艇也以那优美的歌声为导航,终于穿过黑暗驶了过来。于是,马金纳、那名唱歌的姑娘和其余的妇女都被救了上来。

由此故事的启发得知,助人有很多的方式,不单只是用金钱,可用智慧排除疑难,也可用坚毅的精神鼓舞人心;甚至只要保持一颗灵敏睿智的头脑,随时随地皆可助人为善的!

第 3 篇　拿起智慧的钥匙

拥有不代表快乐

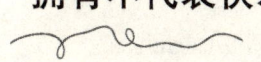

长久以来,你抓住不愿放手之物,却在不小心失去之后,感到更轻松自在!

马斯洛提出的需求层次理论:

生理→安全→社会→尊重→自我实现,这五大需求,象征着人类不断提升的金字塔指标。

纵然存在这个社会上,贫富悬殊的情形日益严重,位居社会底层的人们,可能连最基本的生理需求也无法达成,却有人早已站在金字塔顶端,然而他们共同拥有相同待遇的东西——"欲望"。

适度的欲望,可驱使自己增强在社会竞争的原动力,也可称为是人性的企图心,引领着我们朝向目标前进!

但相对的,人类"烦恼"的元凶之一正是"欲望"。

由智慧养成的习惯,能成为第二天性。

宇宙种子

智慧越是遮掩，越是明亮，正像你的美貌因为蒙上黑纱而十倍动人。

当我们内心涌出太多不切实际的欲求时，为了满足心中的缺口，所付出的代价是相当的沉重的。

或许可能你倾付所有，也达不到你的想望，还是当你拥有之后，它所带给你的得到之后的喜悦，并不如你的预期？

在每个人的生命中，都曾经拥有过许多东西，却也不断地自动抛弃遗失，到底是因你的喜新厌旧，想法转变，还是它只是占据空间的杂物？

有一位朋友有搜集鞋子的癖好，举凡从名牌的高跟鞋到地摊的拖鞋，一应俱全，问她究竟有几双鞋？她说难以数清！

她的家里有一个很大的房间，专门用来放置鞋子的，对她而言，"观赏性胜过于实用性！"

刚开始家人对于她痴迷的行径，给予无限的包容，最后她除了工作之外，几乎投入全部的精力，搜集和保养鞋子，并乐此不疲，逐渐疏于照顾家庭的责任，此导火线终于引起夫妻情感地破裂。

她的先生气愤地说："你既然只关心鞋子而已，那我们离婚吧！"

第3篇　拿起智慧的钥匙

经历这次惨痛的教训，她将大部分的鞋子变卖或送人，赫然发觉如释重负的轻松。

她说："原来它只是肩上过重的包袱，却舍不得放下，终于使得自己窒碍难行，如今也该让生活回归正轨了！"

王尔德说："拥有许多东西的人，往往贪得无厌，拥有的东西少，往往能分享他人。"

在每个人生命之中，必然有过很多的曾经，曾经中的几许深刻的回忆，无论欢喜或忧伤，都藏在自己的秘密花园里，自以为那是心灵深处的无价宝藏，舍不得对他人诉说，更是心门紧锁，害怕失去，重新体验那种一无所有的感受。

有个年轻人走到湖边散步，突然看到水中有一块闪闪发亮的金币。他看了很高兴，赶快跳进水里捞取。但是任凭他怎么努力，都捞不到金币，他全身又湿又脏又疲倦，只好上来坐在岸边休息。没想到湖水平静之后，金币又显现了。

他很不甘心地又跳下水，结果还是没捞到，只得再上来坐着。

富有智慧的人从不辩解。

宇宙种子

最能显现出一个人智慧的是，能在各种危险之间做出权衡，并选择最小的危险。

他心想：水中的金币到底在哪里呢？我明明看到了！为什么费了这么大的心力还捞不到呢？等水面又恢复平静，金币又显现了，于是他又跳下去捞，如此一而再、再而三都徒劳无功，他实在很不甘心！

此时，父亲出来找他。看到儿子全身湿淋淋又脏兮兮的，就问他："到底发生了什么事？你为什么会如此狼狈不堪？"

儿子回答："我明明看到水中有金币，但是怎么捞都捞不到？"

父亲看到平静的水面好像真有一个金币，又抬头看看树上，就对儿子说："你看！哪是什么金币，那是挂在树上的金属片，投射在水中所呈现的幻影罢了！"

其实，人们不辞奔波劳碌而执着追求的名利，又何尝不是那水中的金币，它使人的欲望无止境地膨胀，无论得到了还是没得到，最终还是一场梦幻，因为它永远不能真正填补心灵中的空缺。

唯有当你真心地体悟，无需留恋之物，就该让它自然消失吧！

第 3 篇　拿起智慧的钥匙

生命中的遗憾，莫过于"想留的留不住，想走的走不了"，不如移除自己习惯性的想望，究竟拥有是为了满足占有的欲望，还是它可带给你幸福快乐？

一个人内心的快乐，并不在于拥有物质的多寡，而是当你感到富足时，你才是个真正的富翁！

宇宙种子

心灵纾压 SPA

学会放手，是成长的过程。

透过灵性的修炼提升后，即使面对人类躯体的劳动，与外在环境的压力变动，仍然可保持内心自在无恼的境界，方为真清净。

——高境大师

心灵的能量来自何处呢？来自宇宙主宰的赐予，心灵的资粮、能量，可以让自己达到自在圆满的心灵境界，看似无喜无悲的境地，却是让身体和心灵达到平衡的生命泉源，轻松自在，却不空虚寂寞，无须藉由任何的人、事、物，来将其填补。

以超然达观的心境，面对真实的人生，不贪求、不逃避，知其世间之短暂拥有，明白自己真实的现在。

以前有一位国王提供一份奖金，希望有画家能画出最平静的画。许多画家都来应试，国王看完所有的画，只有两幅他最喜欢，他决定从中做出选择。

第3篇　拿起智慧的钥匙

一幅画是一个平静的湖，湖面如镜，倒映出周围的群山，上面点缀着如絮的白云；大凡看到此画的人，都同意这是描绘平静的最佳图画。

另一幅画也有山，但都是崎岖光秃的山，上面是愤怒的天空，下着大雨，雷电交加；山边翻腾着一道涌起泡沫的瀑布，看来一点都不平静。

但国王靠近一看时，他看见瀑布后面有一细小的树丛，其中有一雌鸟筑成的巢。在那里，在怒奔的水流间，雌鸟坐在它的巢里——完全的平静。

最后，哪幅画赢得奖赏？国王选择后者。

国王解释说："平静并不等于一个完全没有困难和辛劳的地方，而是在那一切的纷乱中，心中仍然平静，这才是平静的真正意义。"

此故事意旨，真正的宁静，与周遭环境的变动纷扰无关，因此只要心中禅静，便能无视外面的风雨！

那么有人就说："即使我静静地坐着，烦恼的杂念还是使我无法宁静。"

到底怎样才能让我们充满烦躁不安、受压力重挫的心，放轻松呢？

先要解开心中谜团，将其所不明的疑难，一一解

> 观察和经验和谐地应用到生活上就是智慧。

脱突破，自然无事一身轻了。

有天，达摩在面壁坐禅，当时中国的一流学者神光来向他讨教，可是达摩只管自坐，不理会神光，神光立雪断臂，以示求道的决心。

神光请求说："弟子心未安。"

达摩对他说："请你把那颗不安的心拿来，我再帮你安。"

神光说："我寻觅多时，总找不到它。"

达摩说；"我已经给你安好了心。"

此禅典意旨，人类的心灵如同一颗璀灿耀眼的钻石，却被凡尘所遮蔽，失去光芒，如同迷失了自我的心灵主宰，茫然无所依归，唯以"智慧"，去除烦恼无明的遮掩，方能恢复本来面容！

智慧的资粮，对人生有何实值效用吗？

◆心灵自在的：清净剂。

◆令你心神愉悦的：开心丸。

◆人生迷途关卡时：心灵导师。

◆人生困烦时：解脱清凉剂。

宇宙种子

坚定不移的智慧是最宝贵的东西，胜过其余的一切。

第 3 篇　拿起智慧的钥匙

◆人生处事应对时：润滑滋润剂。
◆遭逢人生挫折时：心灵温暖的休息站。
◆了解自己，进而掌握未来。
◆增强人生处事的判断分析能力。
◆帮助自己排除身体和心灵的浊气。
◆不再被世间的万事万法所迷惑欺骗。
◆拥有智慧，一切皆安然自得。

摩路瓦说："精神必须经常洗净，重新修缮；倘若忘却了，便无法得到幸福。"

物质的生活，或许可换得生活上的享受，但它却买不到心灵的资粮，此乃一个人内心永恒不变的智慧宝藏。其实智慧正存于我们的思维方寸之间，与我们的人生密不可分！

二十一世纪的人类，长期处于压力圈内，每天你我在手掌心捧着不断变大的压力球，忽高忽低地影响情绪，殊不知哪一天，会在你面前炸开！

随时来场身体和心灵的纾压之旅，静心地聆听来自心灵的声音，是维护身体和心灵自在健康的不二法门。

我爱智慧胜于智慧爱我。

宇宙种子

心灵的归宿

> 心灵的归宿,此乃无所在,无所不在,逍遥自在的境界。
> ——高境大师

宇宙种子

坚守在一个点上,你看不见一个面,站在一个面上,你无法洞烛全世界。

世间因宗教信仰的不同,对"心灵归宿"的定义亦有所不同;佛教称之为"西方极乐世界"或"西方极乐净土",基督教则称之为"天堂"。

总之,各大宗教自有其不同的说法名称。但这听起来实在有些令人感到沮丧绝望,原来"心灵的归宿"是要等到死后才找寻得到的,为何人在世间之时,无法找寻得到?

那么,"心灵"究竟是为何物呢?高境大师言:"心灵是一种看不到、摸不着,只可意会、感受之物。"就如同"空气"一般,遇到空气不好的地方,就会感到窒息难受,在一个空气清新的地方,自然会感到身心无

第 3 篇　拿起智慧的钥匙

比舒畅,此乃一种自然的感受,明白无罣碍烦恼的心灵福地,方可感受到一种心灵上的清静温暖!

到底如何,才能让我们的心灵,享受真正的宁静愉悦呢?

宇宙不言不语,因透过"大智慧"者点化启悟后,来开悟智慧,明白宇宙真理,解脱我们的烦恼罣碍,让我们的身体心灵,达到一个无忧无虑,"无所在、无所不在,逍遥自在",明白清净的心灵空间,使我们拥抱心灵的自在快乐,达到一个"西方极乐世界,就是当下"的境界,这就是心灵真正的宁静温暖!

在此我就例举一个禅宗有名的公案——"骑牛觅牛"。

长庆大安禅师,福州人士,在石头禅师处得法后,因为平时对经典颇为深究,但对禅道心性玄极最高之理却始终不得其门而入,经常觉得愧对石头禅师,后来特别去礼拜百丈怀海禅师,说:"学人欲求识佛,何者即是?"

百丈禅师回答说:"大似骑牛觅牛。"

大安禅师再问说:"认识佛陀后如何?"

磨掉固执的牛角,使它不会伤人也自伤!

宇宙种子

冷静思考的能力，是一切智慧的开端，是一切善良的泉源。

百丈禅师又回答说："如人骑牛回家。"

大安禅师对这种解释，似乎很不放心，追问说："不知要如何保任？"

百丈禅师开示道："如牧牛人手执竹杖看着牛，牛就会乖乖地不去侵犯田地上的秧苗。"

大安禅师听后，并依此修行，把持自己，肯定自己，更不向外驰求。后来与同参灵佑禅师创建沩山，大安禅师躬耕助道。后来灵佑禅师圆寂后，由大众推举而任住持。

大安禅师在晚年回到福建，住怡山院，终日端坐，不言不语，无所事事，大众背后称他为懒安禅师，如有禅僧说："终日不言不语，如木石一样，那就是禅吗？"

另一禅僧说："终日端坐，既不领众梵修，也不指导作务，这就是禅吗？"

大安禅师的懒已经引起大众的不以为然，有一天，他集合大众，宣告说："请大家今天跟我终日端坐，不言不语，只要三天，当可令大家识得自己。"

大众随大安禅师静坐一日，腰酸腿痛，第二日，个个请求，宁可作务，不愿静坐。大安禅师这时才告诉

第3篇 拿起智慧的钥匙

大众说:"老僧坐一日,胜过千年忙。"

大众无言。

此句"骑牛觅牛"的禅语已成为禅宗的成语了,比喻人人自有与生俱来的灵性,却还盲然地向外求灵性,我们只需找回自我之物即可。

该如何寻觅,方可获得?

套句现代话"潜能开发",可是过程却非相关的社会机构所用的方法。因真正的潜能,是深藏在我们"潜意识之中",如同一座看似平凡的山,却可能蕴藏着矿产宝藏,只要你有耐心和毅力开采,终有一天会被你找寻到"智慧之宝"的!

灵性之家(先天的归宿),究竟在何处呢?当你未找到先天的归宿之前,你我皆是宇宙之间流浪的孤儿,流浪至地球上,空虚无依,茫然不知何去何从,此因,累世的轮回,使我们不断地沉沦堕落,迷失在滚滚红尘之中,再也找不着回家之路了。

诚如世间人所言的,"心灵的寄托"究竟是不是"心灵的归宿"?

寄托只是短暂的,乃是藉于一种法相(一种短暂

> 主宰世界的有三个要素,那就是智慧、光辉和力量。

的兴趣相投、嗜好相契），而相互结合。

例如：寄托于贪玩享乐上，或依靠于儿女亲情，爱情婚姻之中，这只是一种短暂的心灵安慰而已，绝非永恒的心灵归宿。

心经云："色即是空，空即是色。"正是道尽世间的一切万物，只是虚幻的过客，无法长住，也非久留之地，本不该执着贪恋的，如此看待，自然对世间一切，能有一种豁然开朗，潇洒自在的心态。

宇宙种子

才学智慧如不用于有益的地方，便和庸碌凡人毫无差别。

第3篇　拿起智慧的钥匙

小聪明与大智慧

　　所谓聪明的人，只是愚昧地卖弄生活机巧，但真正的大智若愚者，正是包容蕴涵着宇宙间无边的智慧光芒。

　　　　　　　　　　　　——高境大师

　　往往聪明的人，在短暂的相处之后，即能看出他的"聪明度"。

　　然而大智若愚者，却需在长时间的相处下，也或许在多年之后，方能由心底感受领悟到，他的"真正思想作为"。

　　高境大师言："在这人世间，所见过的大智若愚者，真是微乎其微；或许你们根本未曾见过，又如何能心领神会呢？"

　　对于"大智若愚"者，也许我们只能牵强地解释为，是涵养着极高智慧的人，却往往表面上看起来似

聪明的太过狡猾者，易让人产生惧怕疏离之感，但是一位大智慧者，会使人由心底产生对他的景仰与追随。

宇宙种子

无知是智慧的黑夜，是没有月亮、星星的夜晚。

乎很平庸。

下面我举一个例子，代表一般人眼中的大智若愚者。

你能想象一个学水电的门外汉成为一个有机果农的专家吗？吴国强在左邻右舍眼里是个傻子，却创造出别人不可能完成的有机果园的世界；他的辛苦与经验告诉我们老祖先的土法是对付虫害最省钱、最有效的方法。

吴国强说："七十二年的时候，我的果园突然得了"黄龙病"，整个果园的橘子全部都死光了？我分析，就是使用化学肥料、农药、杀草剂，使得土壤失去了生命力，而万物依土为生，土壤失去了生命力，等于万物失去了生命，果树当然就种不起来了。为了能永续地经营，于是我决心投入有机栽种。"

"开始的时候，碰到非常多的困难，左邻右舍笑我是疯子，但是就凭着一股傻劲，为了自己也为万物着想，为了有机理念的坚持，我说：好，我一定要做给你们看。"

土壤是植物的命脉，它吸收养分供应整棵树，树叶行光合作用后再回转到泥土根部，如果没有好的

第3篇 拿起智慧的钥匙

土壤,它的根部不会发达,绝对没有办法成长。

　　土壤的有机肥料经过发酵,会产生很多有益的微生物群和蚯蚓。蚯蚓是农民的好帮手,它所排出来的粪便,钾的含量是自然界一般土壤的二至四倍,经过蚯蚓的肚子转化出来之后,它的成分非常好,还有氮的含量,蚯蚓真是土壤的大功臣。我们要务农的话,一定要把土壤管理好,土壤管理得好,农业生产可以不要用农药,也可以种得出作物。

　　爱护我们的环境,顺应自然,与有情众生和平相处,这是吴国强的经验智慧。不喷农药同样是可以有非常好的收成,虫害虽然严重,但是农药会越喷越多,虫会更大量繁殖。

　　蜻蜓在空中飞,它在空中吃蚊子,不是闲着没事干在那边飞哩!自然界很多昆虫对我们是有益处的,一味地赶尽杀绝,违反了自然界的生态平衡,到最后连我们也无法在被污染的环境里生存。

　　现代人罹患很多莫名其妙的病,这代表一个环境污染的警讯!若现在,大家共同携手来回复老祖先的有机智慧耕作,不仅是利己,让我们及下一代有一个更好的生存空间;更利他,让其它的昆虫与我们和平

> 要理解智慧,本身需得有智慧,如果听众是聋子,音乐就等于零。

宇宙种子

宇宙种子

铁不用就会生锈，水不流就会发臭，人的智慧不用就会枯萎。

共存，共同创造一个和谐的生存环境。

因此，你是否也曾把别人当傻子看待呢？

吴国强是一位默默耕耘、看似一个充满傻劲与傻气的有机园丁。藉由他的故事，愿使我们稍许能触碰到所谓"大智若愚"者的皮毛。

牛顿说："聪明人之所以不会成功，是由于他们缺乏坚忍的毅力。"

那是因为，聪明人，总是常做自认聪明的傻事！

一般的人，被别人恭维是位"机伶的聪明人"，大概你会开心地抿嘴一笑吧！

又好比，听见有人称赞自己的儿女，"十分优秀，聪明过人"，身为父母者，可能会开心笑得合不拢嘴，得意洋洋啰！

然而，有句话却说："聪明反被聪明误。"意指：自认聪明者，容易卖弄生活学来的技巧，投入太过自以为是的思维，慢慢地走向自设的完美陷阱里。

可能有一天，你终于发现"机关算尽总会算到自己的头上"。

其实，所谓的"聪明人"，在这个社会上，是容易获得众人注目的眼光与掌声的；但倘若，你期许自己的聪明不只是短暂的绚烂火花，请你储蓄"智慧的能量"；因为，往往最后的胜利者，总是留给持续不断努力提升自己，且深藏不露的智者的。

> 从伟大的认知能力和已知的心情结合之中，最易于产生出智慧来。

宇宙种子

第4篇
最大的幸福就是放下

人生是一个战场，
也是一次成长的旅程。
面对困境和挫折，
我们还有第三种选择：
接受它，放下它，然后超越它。
放下不代表放弃，
执著太多得失反而会失去幸福。
幸福是人生的追求，
但除了你自己没有人能
哄骗你离开幸福。
无知的人只知占据，
无能的人只想拥有，
有智慧的人才懂得放下。
智者知道人生的真谛，
执著才是一切烦恼的源头。
放下，是人生最大的幸福。

第4篇　最大的幸福就是放下

真正的自信

> 别光羡慕他人幸福的外貌；因为，你并不知道他暗地里的悲伤。
>
> ——但雷斯密

你是否也曾经责怪过父母，让你长相"平庸抱歉"呢？还是感恩让你长得一副"俊男美女"的外表呢？

这个着重"外表包装"的时代里，"俊男美女"已是稀松平常之事，因为只要有钱，"丑小鸭"也可以变"天鹅"，况且人工美女常让人"真假难辨"。由此可见，追求"外貌之美"，乃是时代所趋吗？

认识一位朋友，她的先生长年在国外经商，一年才回台湾一次，因此只要她先生回国的前夕，她就紧张得彻夜难眠，上美容院的机率也更为频繁，并经常询问朋友，她的容貌是否变丑了，身材是否走样了……

你我都爱看戏，看着戏剧也看着人生，却忘了别人也正看着你，而你自己也正在演出中！

宇宙种子

智慧是一种透视、一种思想、一种远瞻。

在朋友眼中的她，保养有术，而岁月的痕迹，似乎也不曾停留在她的脸上，拥有被朋友羡慕不已的容貌与身材，却时常流露出郁郁寡欢，与缺乏自信的神情。或许，空虚飘荡的内心，无法衬托她美丽的外表，有如一朵"干燥枯萎"的玫瑰，缺乏蓬勃盎然的生命力。

她缺乏自信与空虚的内心，在他人的眼中，如同一只漂亮的花瓶，插着枯萎凋谢的花，纵然拥有美丽的外表，也无法吸引主人欣赏的目光。

相对的，时常在工作职场上，遇见外貌看似"平凡无奇"的男女，因为他们认真负责的工作态度，与理性睿智的判断分析力，及圆融无碍的做人处事之道，让他们身上所展现的"迷人魅力"，远远超越只拥有美丽外表的人。

虽然男性比女人较不在乎外表的美丑，那是因为对他们而言更重要的是"权利名望"；他们总认为只要掌握住金钱与权力，身上彷佛会多增加一圈光环，女人会自动投怀送抱，男人则逢迎巴结，这正是他们骄傲自信的来源。

第4篇　最大的幸福就是放下

有一位在职场上叱咤风云的男子,他在工作上的表现,朋友无不竖起大姆指称赞。在一次酒足饭饱之际,他突然举起酒杯,要向感情美满的伙伴们敬酒,带着酒意地对他们说:"其实你们不必羡慕我,你们才是最棒的!"

原来,他在感情婚姻上,惨遭挫折失败,已离婚两次的他,语重心长地说:"我之所以如此投入在工作上,那是因为它是我唯一的自信泉源,每当面对空荡的屋子,与寂寞孤独的心,感到自己其实一无所有!"

看来,真正没自信的,来自你的内心,而非外相表征。

因此你别再抱怨未能拥有"巨星"般迷人的脸蛋,或权势名位,因为那并非你自卑的真正原因,也非他人不喜欢你的真正理由。

美国著名心理医生基恩博士,常与病人讲起他小时候一件触动心灵的事。

有一天,几个白人小孩正在公园里玩,一个卖气球的老人推着货车走进了公园。白人小孩一窝蜂地跑过去,每人买了一个,兴高采烈地追逐着气球。

> 一个会尝试错误的人生,不但比无所事事的人生更荣耀,并且更有意义。

宇宙种子

衡量人生的标准是看其是否有意义，而不是看其有多长。

在公园的一个角落里站着一个黑人小孩，他羡慕地看着白人小孩在嬉笑。他因为自卑，不敢过去和他们一块玩。

一直到白人小孩的身影消失后，他才怯生生地走到老人的货车旁，用略带恳求的语气问道："您可以卖一个气球给我吗？"

老人用慈祥的目光打量了他一下，温和地说："当然可以，你要什么颜色的？"

小孩鼓起勇气说："我要一个黑色的。"

脸上满布沧桑的老人惊诧地看了看小孩，随即给他一个黑色的气球。

小孩开心地拿过气球，小手一松，黑气球在微风中冉冉升起，在蓝天白云的映衬下形成一道别致的景象。

老人一边眯着眼睛看着气球上升，一边用手轻轻地拍了拍小孩的后脑勺，对他说："记住，气球能不能升起，不是因为它的颜色、形状，而是气球内充满了氢气。一个人的成败不是因为种族、出身，关键是他的心中有没有自信。"

人类看似迷失在短暂绚烂的表象中，应及早寻找

第4篇　最大的幸福就是放下

隐藏在"表象之内"你我潜藏的真正问题所在,由内而外的展现自信迷人的风采吧!

> 我的人生正是:使事业成为喜悦,使喜悦成为事业。
>
> 宇宙种子

你是哪种人？

我们习惯对他人品头论足，吹毛求疵，但你是否反思过，你又是哪种人呢？

宇宙种子

挫折失败是迈向成功的试炼石，通过考验者方能体悟其中的真谛。

现在将这个世界的人类，给人的感受简单地归类为五种食物：

1. 从外表来看觉得美味可口，很想咬一口，却未必营养健康。【如汉堡、炸鸡】

2. 外表色香味美，令人食指大动，长期累积却有损身心健康。【如：泡面、加工食品等】。

3. 外表平平，吃了还算顺口。【如：因肚子饿而饱餐一顿】。

4. 外表太普通，吃了自然平淡，却在咽下后口齿回香，甘醇欲滴，吃过后自然难以忘怀。【如：上顶好茶、有妈妈味道的好菜。】

第4篇　最大的幸福就是放下

5. 外表浓郁强烈，一吃上瘾，割舍不了。【如：烟、酒、毒品】。

食物之于人类的关系，在营养师的建议下，过多与不及皆不利身体，唯有均衡的饮食习惯最好，但"口腹之欲"常难抗拒美味浓郁食物之诱惑，总在不自觉中吃下太多，形成身体沉重的负荷，倘若能料理出兼具天然营养，有益健康的食物，才是身体最佳的营养品。

时代潮流的趋势，帅哥美女成为众人追逐的标的，感官表相的充斥下，整型风气大行其道，我也常开玩笑地跟朋友说："慢慢的帅哥美女将会满街跑，只是自认二等美女的我，不知会不会被时代唾弃呢？"

我的一位朋友算是美女，但却只可算是人工美女，其实她也不掩饰曾经整型的事实，还常常向朋友炫耀，她整型过的每个部位是否像极了某个偶像呢？或许她真的成功改造容貌，只是我在想，当她在照镜子时，是否还认得自己呢？

人生不发回乘车票，一旦出发了，就绝对不能返回。

宇宙种子

为自己寻求庸俗乏味的生活的人，才是真正可怜而渺小的。

为了让自己更美，几乎是所有整型者共同的理由，但我无法理解的是倘若连自己都不认同，而需靠拼凑他人的容貌来展现美丽，究竟是增加自信还是贬低自己呢？

外表的美丽，如同一朵鲜艳夺目的花，迎风飘散的魅力，自然吸引群蜂围绕，可是这朵花是否也具备充足可酿蜜的原料，两者之间的微妙关系不容轻忽。

即使并非俊男美女的你们，从今起也不必再顾影自怜了，认真地审视自己，发扬优点，将缺点调整改正，重新找到自信所在，我也常以此句话鼓舞自己："就是因为一时的挫败，所以我比别人有更宽广的进步空间。"

这是个改变爱因斯坦一生的故事。

爱因斯坦小时候是个十分贪玩的孩子，他的母亲为此忧心忡忡，母亲再三的告诫，对他而言如同耳边风。

直到他十六岁，有一天爱因斯坦的父亲对他说："我和杰克叔叔去清扫南边工厂的一个大烟囱；那烟囱只能踩着里边的钢筋爬梯才能上去。你杰克叔叔

第4篇　最大的幸福就是放下

在前面,我在后面,我们抓着扶手,一阶一阶地终于爬上去了。下来时,你杰克叔叔依旧走在前面,我还是跟在他的后面;钻出烟囱时,你杰克叔叔的后背、脸上全都被烟囱里的烟灰抹黑了,而我身上竟连一点烟灰也没有。"

他的父亲继续微笑着说:"我看见你杰克叔叔的模样,心想我一定和他一样,脸脏得像个小丑,于是我就到附近的小河里洗了又洗;而你杰克叔叔呢?他看见我钻出烟囱时干干净净的,就以为他也和我一样干净,于是就只随便洗一下就大摇大摆上街了,结果,街上的人都笑疼了肚子,还以为你杰克叔叔是个疯子!"

爱因斯坦听罢,忍不住和父亲一起大笑起来。父亲笑完了之后,郑重地对他说:"其实,谁也不能做你的镜子,只有自己才是自己的镜子,拿别人做镜子,白痴或许会把自己照成天才的。"

爱因斯坦听了,顿时满脸愧色。

他也从此离开了那群顽皮的朋友,并懂得用自己的镜子照见自己,也正如禅宗所言:"观照自我,明心见性"的道理,那是透过不断的反观自我,使生命更

人生的道路就像一条大河,由于急流本身的冲击力,在从前没有水流的地方,将会冲刷出崭新的意料之外的河道。

加的清净自在，照见如实的自己！

当然，或许自己认定的评价与他人的看法通常不同，因此我们也并非要活在他人狭窄的视野中，而是反问自己："你是哪种人？"未来你又想成为何种人呢？

折翼凡尘的天使，褪去人为巧饰，还原本来面貌，张开心灵的翅膀高飞吧！

第 4 篇　最大的幸福就是放下

人生的戏码

戏剧可以NG，人生的戏码无法重来！

我们把人生变成一个梦，然后再把梦变成现实。

打从我们一出生的那一天开始，我们就已经站在人生的舞台上，参与演出了。纵然，在人生的舞台上，跌跌撞撞，起起伏伏，但有些人透过不断的学习成长，终于在人生舞台上光芒四射，成为万众瞩目的角色；但有些人在戏剧的演出过程中，还未到"曲终人散"之时，即先行下台一鞠躬了……

大部分的人，都喜欢看戏，但究竟"戏"带给人生的是"智慧启发"，还是"迷惑沉迷"呢？

在舞台上，观众喜欢看的角色，演技好、观众缘好的俊男美女；相反的，其他演技不好、观众缘不好的角色，自然便慢慢地从舞台上消失了。

宇宙种子

人心真是一个深渊！无论我们抛下多么沉重的测海锤，都测不出它的底蕴！

　　人生的戏码与戏剧中的戏码，最大的不同点，就是戏剧中的戏码，可以不断的NG重来，但人生的戏码，无论演出的精采与否，完全没有NG重来的机会，必须"真实呈现"，因我们无法请求"时间"停留等待我们。

　　在人生舞台上，最重要的是，如禅宗所言的："活在当下"，"因过去的一切无法重来，未来的一切无法如实洞见"，唯有真切地把握、珍惜当下在舞台上的演出，未来你我的心中才不会留下遗憾与无尽悔恨……

　　正因角色的不同，舞台上出现各种不同思想性格的人物，经常是周旋在你的身旁，并围绕一些与你竞争对立的对象和你喜欢或愿意帮助你的人，然后，随时间、地点、角色的不同，剧情高潮起伏，深扣观众心弦。

　　但唯有站在人生舞台上，身历其境之人，方能感同身受，但在当下，您是否在其中有所"成长领悟"呢？还是将它当成演戏般，抛诸脑后，决定在未来上演一出"换汤不换药"的剧情！

　　比如，歌剧巨星帕瓦罗蒂与世长辞了，留给数以千计的乐迷，不甚唏嘘的感叹与无尽的怀念，而他多

第4篇　最大的幸福就是放下

彩多姿、风光荣耀的一生，精彩的程度完全不亚于戏剧。

因此，波诺说："有些人能唱歌剧，而帕瓦罗蒂本身就是一出歌剧。"

在属于他的歌剧舞台上，他那高亢缭绕的美声，"有如上帝亲吻过的嗓子"。他俨然是天之骄子，享尽名利美色，一样也不缺，看似受其得天独厚的眷顾。

而他一生追求永不厌倦的，除了美食，还有美女与财富，当世人对他的天赋与成就推崇备至之际，他争利好色的一面说明了他不凡的成就，但不代表是真实世界里的圣人。

世界上没有比他赚更多钱，更热衷赚钱的歌剧巨星。

他曾不加掩饰地说："我不是为传奇而唱，我是为里拉（意大利货币）而歌。"他与卡瑞拉斯、多明哥合录的第一张"三大男高音"专辑，创下了一千五百万张的销售纪录，而他演唱的歌剧"图兰朵公主"中的"今夜无人入睡"，俨然成为流行古典音乐以及足球赛歌。

据统计，帕瓦罗蒂身后留下的财产，总价值达二

生如夏花之绚烂，死如秋叶之静美。

宇宙种子

不利身体的饮食习惯，是破坏身体的杀手。不利心灵的思考模式，是危害心灵的毒素。

亿五千万英镑。在他辞世前不久，前经理人布莱斯林表示："我怀疑他是否爱过那些与他分享生命的女人，还是只是因为近水楼台以及能从她们的美丽反映出他的活力，我好奇他是否对赚得钱财感到快乐，当他不情愿地拖着身子赶场演出，我怀疑他是否快乐！"

而在他死后尸骨未寒之际，即上演一出前后两任妻子及四名女儿，为遗产的争夺战，或许这只是一出陈腔烂调的剧目，自古以来"财富"，就常带给人类无尽的迷思与无穷的贪念。

我想他若知结果如此，一生汲汲营营的追求财富，却只是带给后世子孙无尽的烦恼欲求而已，他应该会悔不当初！

相反的，倘若他可以放开财富名利的怀抱，或许他人生的剧目将不同，也可更逍遥自在地享受生命吧！

"人生如戏，戏如人生"，虚幻真实，演戏者应视每次的演出，为人生的唯一，因它无法重来；看戏者，该以明白抽离的心情观看，千万别太认真喔！

第4篇　最大的幸福就是放下

　　因时空、角色、场景的转变，我们常于现实生活中互换不同的角色，错综复杂的剧目，毫无脚本的即兴演出，依靠我们的人生智慧与经验，倘若能尽力尽性地演出，就会当之无愧地勇夺"人生的最佳戏剧奖"。

透过不断的反观自我，使生命更加的清静自在。

宇宙种子

生命的羽翼

你能否做到凡事"轻轻提起,轻轻放下吗?"

人一半是外力造成的,一半是自己造成的。

眺望深蓝的天空,总羡慕遨翔的鸟儿,那么自由轻盈,彷佛卸除捆绑在心头的千斤重量,只要张开双臂,就能展翅高飞!

如何卸除身心过重的负荷,方能轻松自在?

禅宗的六祖慧能,曾留下一首意境深远,十分隽永的禅诗:"菩提本无树,明镜亦非台,本来无一物,何处惹尘埃。"开解世人,生命中的众多无名烦恼,皆由无名而生起,心中本该空荡无一物,又为何蒙蔽尘埃?

如此超然物外的思考作为,一般人实难达成,但至少该审视扛在肩上的重担,是否为无实质意义的垃

第4篇 最大的幸福就是放下

圾？该提起或该放下，抉择只在一念之间！

从前有一个年轻人，背着大包裹千里迢迢地来找无际大师。他说："大师，我感觉自己那么的孤独、痛苦与寂寞，长期的跋涉使我疲倦到极点。我的鞋子破了，荆棘割破双脚；手也受伤了，流血不止；嗓子因为长久的呼喊而喑哑……为什么我还不能找到心中的阳光？"

大师问："你的大包袱里装了什么？"

年轻人说："它对我可重要了！里面是我每一次跌倒时的痛苦，每一次受伤后的哭泣，每一次孤寂时的烦恼……有了它，我才能走到您这儿来。"

于是，无际大师带年轻人到河边，他们坐船渡过河。上岸后，大师说："你扛着船赶路吧！"

"什么！扛着船赶路？"年轻人很惊讶地说，"它那么重，我扛得动吗？"

"是啊！孩子，你扛不动它。"大师微笑着说，"为了渡河，我们必须依靠船这个工具；但是渡了河，我们就要放下船方可赶路；否则，它只会成为你的包袱。"

人的存在就像篓子里的一堆螃蟹，你中有我，我中有你，纵横交错，息息相关，互相伤害。

183

宇宙种子

人生好像一盒火柴，严禁使用是愚蠢的，滥用则是危险的。

"生命中的痛苦、孤独、寂寞、灾难、眼泪，这是人生的必经过程，它能使生命得到升华，但若念念不忘，就会成为人生的包袱。放下它吧！孩子，生命不能太负重的。"

年轻人放下包袱，继续赶路，他发现自己的步伐轻快而愉悦。

他说："原来，生命是可以不必如此沉重的。"

或许在心中所累积的杂物垃圾，本不该如同宝贝收藏，将它深锁于尘封不为人见之处，心想静待时间，使其销声匿迹，殊不知，它非但没有消失，反而布满尘埃，霸占心灵空间！

当你扛起的是令你满心欢喜的重担，纵然感到承重，但也"甘之如饴"；相反的，即使是件轻而易举之事，却也令你"心生厌烦"，不是吗？

因此，"承担"的内涵，不在于事件的大小，而在于内心是否"心甘情愿"，一切皆因人的思想、智慧、喜恶左右其判断，无论如何决择，都无对错是非之分，但最后的结果，该由自己承担。

父母对子女的责任，无论是"甜蜜的负荷"，或是

第4篇 最大的幸福就是放下

"沉重的负担";这正代表父母对此事件的判断,不同的思想,当然会造成不同的结果。不管事情的开始与结局如何,父母该学会的课题是"轻轻地提起,轻轻地放下"。

对孩子关心却不过度干涉,等待羽翼渐丰的孩子成长后,就该放手不要害怕,让他遨游在自己的天空,不管未来如何,那都属于他自己选择的天空啊!

而热恋中的男女,向对方许诺天长地久的盟约,炙烈的爱情,虽紧系彼此的心,可惜的是,随着恋情的冷却,纠缠不清的情丝,岂能理得清,放得下呢?

为情所困的男女,在社会新闻中,常上演着"屡见不鲜"的情杀事件,因爱生恨,所产生的互相残杀的不理智行为,伤害了曾经相爱的两人,造成双方家庭的破碎伤心。

试问两败俱伤的后果,是否值得?

该明白世间"因缘"之聚散离合,本是一种"自然的过程",在缘聚缘散的过程中,应该学会"轻轻提起,轻轻放下"。结束此段的旅途后,迎接我们的将是另一个崭新的旅程!

亲爱的,或许这世界曾经舍弃你,但千万别舍弃希望,它将带给你生存的无限勇气。

宇宙种子

感谢曾让你伤心的人

曾经伤害过你的人,虽扮演一个负面的角色,但实际的用意,是为了帮助成就你而出现的!

宇宙种子

希望到底有多大,勇气就有多少。

人的一生当中,究竟会有多少人,曾让你留下深刻而无法抹灭的回忆呢?

不论任何年纪的我们,都曾经为感情伤心落泪过,也曾痛心疾首地怨恨过对方,埋怨曾经的美好,却成为现在心酸的回忆,如今这些人却成为记忆深处最鲜明的烙印!

从古至今,在社会上功名成就者,很多皆出生贫困,或身处贫穷时,也曾遭受过许多人鄙视唾弃的目光与刺激中伤的流言蜚语,对于正面积极者,这些曾经刺伤你的人,未来将成为你人生中的垫脚石。相反的,对于消极悲观者,却成为阻碍人生路程的绊脚

第4篇 最大的幸福就是放下

石。

我的一位挚友,对我吐露深藏心底的秘密,虽然她已拥有一个幸福的家庭,但她的心里却深藏着一个永远也无法忘怀的人,那是她学生时代的男友,他俩曾经相知相爱过,最后却因男方告诉她:"有人对我说,你配不上我!"

就因为这句话,她觉得有如受到晴天霹雳的刺激,伤心欲绝地离开他,纵然她的心里仍然割舍不下,但她的自尊人格受到如此的屈辱,使得她再也无法面对他。

然而,更大的伤害,将是从此他说的那句话,如同一个影子,如影随行地分秒跟随着她,曾经一度使她深陷自卑自闭的深渊中,让她极度鄙弃怀疑过自己,因此使她失去面对他人的勇气,面对如此排山倒海的身心煎熬,让她濒临崩溃边缘。

此时一个朋友点醒了她,与其花那么多的时间来痛苦,不如想怎样才能让自己变得更好?

为此,她的人生重燃希望,为了使自己更好,她每天不断"反视内心",这是她从未做过的事。在反思的过程中,她彻底了解自己的优缺点,于是她更懂得展

> 没有希望的人生不算人生,没有未来的人生最空虚。

露所长,修改缺点,充实内涵,培养实力。

因此现在,她不但拥有一个令人称羡的职业,还有幸福美满的家庭。

虽然她曾经怨恨过他,如今她却在心底由衷感谢,倘若没有他那般椎心刻骨的话语,就无法成就现在的她!

当林肯还是个年轻的律师时,因为有一个重要的事件来到芝加哥,当时仍默默无闻的他,根本无人理会。

在芝加哥,那些年长有名的律师,都一致认为和一个外来的晚辈律师在一起会降低他们的身份;这些人自以为是地认为自己地位高,除了自己以外,看不起任何人。他们把林肯完全地抛在一边,无论去什么地方都不请他一同前往,也不与他一同吃饭。

林肯面对这种情况,并无不悦,也没有设法报复。

后来他讲到这段经历时说:"直到我到芝加哥,才晓得自己所懂得的事多么浅薄,而要学习的又是多么的多。"

或许正因为这种轻视对他而言,并非嘲讽,而是

在人生的大风浪中,我们常常学船长的样子,在狂风暴雨之下把笨重的货物扔掉,以减轻船的重量。

第4篇　最大的幸福就是放下

一种促使他提升的激励。

后来他得到很高的名望地位,而那些轻视他的人却没有长进,直到他做了美国的总统,那些律师还只是无名的律师。

人生总会有蛮横的石头横亘在道路上,如果只是恨,这些石头便会成为羁绊。不如将其踩在脚下,成为向上的垫脚石。

不要记恨那些你遭受过的侮辱、中伤、破坏与损毁,把它们当作另一种力量的扶持,正是它们推着你奔跑得更快,使得你与那些是非远远拉开距离。

等站到一个高度,回望,那些将精力用在了拨弄事端的人还停滞在原地,而你轻舟已过万重山,前途春光明媚!

那时你将发现,所有的伤害皆是动力,所有的不公都是际遇,所有的中伤都是牵引,所有的流言都是成全——无论哪种力量,只要使你向上,你都要从心底心怀感谢。

在人生的旅程中,看待人、事、物的态度,只在一

生命的原动力是为了自己与所爱的人而奋发努力,倘若能激起内心那份甜蜜的动能,纵然辛苦也甘之如饴!

宇宙种子

幸福的动能，使生命力源源不绝。

念之间，诚如水可以滋养万物，却也可以淹没万物，正反相倚的人生实相，如同航行在诡谲多变的大海上，需靠您智慧经验的判断，方可乘风破浪，勇往直前！

远离寄居蟹的生活模式

思想的寄居，是我们永远卸不掉的负累。

平庸的生活使人感到一生不幸，波澜万丈的人生才能使人感到生存的意义。

寄居蟹的壳，如同安全的保护所，随着体形的成长变化，必须不断地变换新造型。

人类从寄住在母亲的子宫的那刻起，仰赖着脐带供养身体的养分开始，我们就此脱离不了"寄居的模式"，此模式背后所隐藏的意义，正是"依赖"。

因为人类是属于群居的动物，很难靠着自己独活于世，然而依赖可以是物，也可以是人，包含金钱、地位、宗教、药物，甚至过往的经验与痛苦。

其实，依赖的背后深藏着一颗巨大不安的心灵，有时依赖只会让脆弱的心灵更彷徨无助，反而更摆脱不了加诸于自身的层层枷锁。

宇宙种子

人生像一张洁白的纸，全凭人生之笔去描绘。玩弄纸笔者，白纸上只能涂成一滩胡乱的墨迹；认真书写者，白纸上才会留下一篇优美的文章。

当内心的情感，遍寻一个可停泊的港湾，到底该在此暂时靠岸，还是当成此生的依泊处？若自己都无法给答案时，谁还能知呢？

或许，这是生物的本能吧！到了特定的时间，自然会做该做之事，如：时间到了就该起床吃饭、睡觉甚至婚姻大事……等。周遭的朋友，常被时间催赶着必须步入结婚礼堂，心想若能躲在婚姻的怀抱中，以为那是个永远可依靠的壳，殊不知时间一到，仍需脱壳而出，或许它已不适合自己了，若不将其弃守，终将困缠自己的身体与心灵，直至精疲力尽为止。

以前有个青年，在沙漠中行走了两天，在途中遇到风暴；在一阵狂沙吹过之后，他已认不清正确的方向了。

正当快撑不住时，突然他发现了一幢废弃的小屋。他拖着疲惫的身子走进了屋内。这是一间不通风的小屋，里面堆了一些枯朽的木材；他几近绝望地走到屋角，却意外地发现一座抽水机。

他兴奋地上前汲水，但任凭他怎么抽水，也抽不出半滴。他颓然地坐在地上，却看见抽水机旁有一个

第4篇 最大的幸福就是放下

用软木塞堵住瓶口的小瓶子，瓶上贴着一张泛黄的纸条，纸条上写着："你必须用水灌入抽水机才能引水，不要忘了！在你离开前，请再将水装满，他拔开瓶塞，发现瓶子里，果然装满了水！"

他的内心，此时开始挣扎着：如果自私点，只要将瓶子里的水喝掉，他就不会渴死，就能活着走出这间屋子；如果照着纸条做，把瓶子里的水倒入抽水机内，万一水一去不回，他就会渴死在这个地方了……到底要不要冒险？

最后，他决定把瓶子里的水，全部灌入看似破旧不堪的抽水机里。

他以颤抖的手汲水，水真的大量涌了出来！他将水喝足后，把瓶子装满水，用软木塞封好，然后在原先那张纸条后面，再加上他自己的话："相信我，真的有用，在取得之前，要先学会付出！"

透过这个故事的启发，可以引申解释为："水是我们赖以维生之物，亦如人生中必须依靠父母、感情、婚姻、金钱……等，倘若你只想在其中获得自己的需求，却不懂得付出，并创造自我的价值，那么它就会如同故事人物一般，一旦饮尽那瓶子的水后，就不再

人在一生当中的前四十年，写的是正文，在往后的三十年，则不断地在正文中添加批注。

宇宙种子

自信心,是一种自我聚沙成塔的累积过程。

有了!"

时常,在我们备感挫折困顿之际,愈想寻觅一个"依靠",甚至躲在心爱的人身边,得到一份短暂温暖的安全感。但不可否认的,在温暖的怀抱里,渐渐抚平身心的伤口,重获再出发的勇气。

换言之,却有些人因承受不起失败后的压力痛苦,于是逃避埋首壳中,同缩头乌龟般,再也离不开它,只好从此依附着它!

生活环境所带给我们的潜移默化,常在我们不知不觉中,形成一种"习惯"模式,正如有一位男性友人,从小就成长在父权体制下的家庭,出了社会之后,他周遭的朋友与女友,纷纷抱怨他的大男人主义,实在令人受不了,此时他才察觉,父亲对他的影响已深入思想之中,进而左右行为!

无庸置疑的,我们也常受身边所崇拜景仰、亲密爱人的思考模式所影响,影响所代表的意义,并非全然的不好,但我所担心的是,为此而失去个体原有的本质,顿失自主的判断能力。

平衡挫折感

失败、磨练是心灵的导师。

——高境大师

周而复始,面对生活工作的沉重压力,往往令人喘不过气来,它就像牵系生命的绳索,非但甩不开,更是纠缠不清!

其实我们的身心,常不自觉地忍受"挫折感与压力"的煎熬;根据"英国医学期刊"在线版的报告指出,工作压力是导致心脏病、糖尿病发作的重要危险因子。

探究原因,研究者认为长期处于工作压力下,会将个人健康逐渐消磨殆尽,慢性化的结果不仅损坏神经系统,且会降低生物机能的恢复力,干扰体内生理运作,造成失衡的状态,最后恶化为"代谢症候群"。

宇宙种子

何为生？生就是不断地把濒临死亡的威胁从自己身旁抛开。

　　A君是某公司的业务人员，公司的主管常借着表扬业绩超群的同仁，向他们告诫："只要跟随他们成功的模式而为，下一个成功的人必定是你！"

　　相信这句话对从事业务的人而言，耳熟能详，可是遗憾的是，"人生不如意事，十常八九"，否则成功人士早已名满天下了！

　　吸取他人经验优点固然是件好事，却不是代表成功的保证书，因每位叱咤风云的人物，背后都象征着天时、地利、人和的配合，岂料大部分的人，单凭表象就论断一切；如果一味地与他人一较高下，其实是愚昧地贬低自己，挫败感也会因应而生！

　　其实，生命的每个阶段都有该承受的负担，因此也会产生不同性质、强度的挫折感；而挫折感的发生来自三方面：

　　◆失落感：重要物品的遗失，重要人的死亡或离去。

　　◆失败感：达不到自己心中的理想目标与地位。

　　◆被岐视：受差别待遇。

　　试问，你是否曾反思过自己的生命过程，每当压力

第4篇　最大的幸福就是放下

挫折如排山倒海来临时,自己是如何面对、排解的呢？

心理专家说面对挫折时："必须学习放松,自我调适,寻求协助。"可是并不是每个人在需要帮助之时,即能适时出现能引导我们的贵人,唯有寻求自救,才是真正的解决之道！

"挫折感"的产生,来自内心想掌控得到的欲望,当期许与现实出现落差时,心里无法平衡调适的失落感,便会油然而生！

在古希腊神话中,有一则关于西齐弗斯的故事。

西齐弗斯因为在天庭犯了法,被天神惩罚,贬降至人间来受苦。而天神对他的惩罚是："要西齐弗斯推一块石头上山。"

每天,西齐弗斯都费了很大的劲把那块石头推到山顶,然后回家休息。可是,在他休息时,石头又会自动地滚下来。于是,西齐弗斯就要反复不断地把那块石头往山上推。

这样,在他生命中所面临的是："永无止尽的失败。"

天神要惩罚西齐弗斯的,也就是要折磨他的心

> 人生的一切变化,一切魅力,一切美都是由光明和阴影构成的。

灵,使他在"永无止尽的失败"命运中,受尽苦难。

可是,西齐弗斯不肯认输;每次在他推石头上山时,他就想:"推石头上山是我的责任,只要我把石头推上山顶,我的责任就尽到了,至于石头是否还会滚下来,那不是我的事。"

如此想后,当西齐弗斯努力地推石头再次上山时,他心中十分平静,因为他安慰着自己:"明天还有石头可推,明天还不会失业,明天还有希望。"

后来,因天神无法惩罚一位永不放弃希望、不怕失败的西齐弗斯,于是就赦免他回天庭了。

一般人常感叹:"人生挫折不断,失败也如家常便饭。"殊不知那是心境的问题,转个念头,乐观开朗面对"吃苦如吃补",更重要的是,记取挫败的原由,及背后所带给我们的意义价值!

上班族常遇到同侪间的良性竞争,但挫折感总是避免不了,如果每当面对此事件时,能以"凡事尽力而为,平常心面对之",自然可平衡挫折所带来的负面冲击。

人一生一世,总有些片段当时看来无关紧要,而事实上却牵动了大局。

第4篇 最大的幸福就是放下

希望的勇气

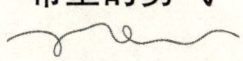

> 即使希望逃跑了,也不可让勇气逃走。希望固然时常嘲笑我们,但是勇气却能振奋力量。
>
> ——布戴威克

刻入胸怀的痛楚,正是人生最好的实习磨练课程,把握绝佳的机会,见招拆招吧!

与病魔缠斗的人,医生总是会鼓励病人,一定要对自己的病情怀抱希望,如此一来,我们的身体与心灵,自然会产生有利的抗体,帮助我们抵御病魔,早日恢复健康。假如是你面对人生的考验时,是否还能坚持对未知的希望?

常有人抱怨着说:"我的人生没有希望了。"每次听见这句话时,我的心底会油然生起一阵辛酸,因为我明白,当一个人内心失去希望时,就形同舍弃灵魂一般,过着迷茫无所适从的生活。

小安的父母在他十五岁那年,出车祸身亡,留下他一人,一个高中生面对突如其来的灾厄,夺走他幸

宇宙种子

宇宙种子

曾经伤害过你的人，在未来的人生道路上，将成为你生命中的垫脚石。

福的一切，他说："自己曾经非常沮丧，想以自杀了结生命。"

但是母亲曾说过的话鼓舞了他："无论你遭遇多大的困难挑战，千万要怀抱希望，坚持下去，你一定会看见生命的曙光！"

如今他已是一位颇有成就的商人，他说："就是凭借着这股希望力量的加持，使我面对任何阻碍难关也绝不轻易退缩，就把它当成是自我挑战吧！"

看见每天的社会新闻，自杀事件频传，真令人心痛。不分年龄层，不论财富多寡，"全因远离希望，而与绝望靠拢"，才会留下无限的遗憾！

有一个案例，是一位就读小学的孩子，因为父母离异的关系，竟然选择跳楼自杀，死后留下一封遗书给父母，哭诉着："你们都不再爱我了！我真的很孤单，不知道为什么要活着？"

相信他的父母看到这封信时，一定感到十分后悔，就如同俗语说："哀莫大于心死。"当一个人的内心冰冻的湖水，不再涌出"希望的泉源"，滋润温暖心灵，如何能储备面对未来的勇气呢？

第4篇　最大的幸福就是放下

英国马狮公司创始人米高·马格斯,十九岁时,为了谋生离开了饥寒交迫的家乡,移民到英国。

米高自始至终保持勤奋的本性,即使遇到困难,他都保持积极向上的信念。当时,英国工业革命正如火如荼地展开,从事百货零售业便显得有利可图。一是不需要技术,二是不需要太多的本钱,这正适合米高的心意。

虽然米高渴望成为一名小商贩;他却连本钱也没有,但他并没有放弃心中的梦想。有一次,他漫步街头,遇到一家百货公司的经理贺斯特,于是与他攀谈起来,彼此很投缘。当米高谈及自己的梦想时,经理很同情他,于是借他五英镑作为本钱。

米高欣喜若狂,认为找到了信心与希望。于是他更加勤奋了,每天从批发公司进货批发针线、钮扣、带子、袜子一类货品,到附近的农村、矿区和约克郡的峡谷里去挨户叫卖。

后来,米高由于自己的勤奋,开创了马狮公司,产品经销全英国。

米高藉由持续不断的努力,让内心看似梦想的希望,化为实际的行动力,终于实现自己的理想!

路是脚踏出来的,历史是人写出来的。人的每一步行动都在书写自己的历史。

宇宙种子

我们的生命是天赋的,我们惟有献出生命,才能得到生命。

海伦·凯勒说:"希望是引导人成功的信仰;如果没有了希望,便一事无成。"

其实,人类的文明,都是凭借人的想象力所开创出来的,为满足人类的生活需求,才会有人去研发创造。诚如发明电灯的爱迪生,也是秉持着对希望的执着,抱持锲而不舍的坚持信念,方能创造发明电灯,也点亮全人类的光明。

"希望与幻想间的差距,来自希望是必须加上追求实践的勇气,而非纸上谈兵的不切实际!"

希望到底有多大,勇气就有多少!

千万别小看你心中,那点微不足道的光亮,只要你肯持续点燃它,未来可能是指引你、带领你开创前程的一盏希望明灯!

第4篇　最大的幸福就是放下

幸福动能
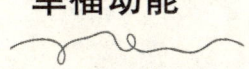

> 快乐不过是肉体某一点的幸福而已。真正的幸福，唯一的幸福，理想的幸福，是蕴含在整个灵魂的平稳中。
> 　　　　　　　　　　——舒伯尔

当我活着的时候，我要做生命的主宰，而不做它的奴隶。

你是否对工作或生活多所埋怨呢？对生活缺乏热情活力呢？如此"英年早逝"的生命，你真的想如此过下去吗？

请你现在凝视自己的双眼，究竟是"目光炯炯"，还是"暗淡迷惘"？

有人说过："从一个人的眼神中，可透视他的内心世界"。

我也常在镜前注视自己的双眼，每当自己"怀忧丧志"之时，眼睛即透露出如同我心底的模样；当自己"自信满满"时，我的双眼亦如充满电力般的"闪闪发光"、精神抖擞。

宇宙种子

时常警惕自己,是否当我们离开某一人事物时,仍可独立自在的生活吗?

一个人的内心世界,或许可以欺骗别人,但绝对不能、也不可欺瞒自己。

到底幸福是什么?是全人类共同追求的目标,还是只是虚伪的口号?

熙攘人海中,究竟又有几人可以真正拥有"幸福"?

每个人的感情世界,都有如隐密的宫殿,年龄越增加,门户的防备越森严,于是,要进入其中,要被拨动,便越不容易,于是,常常觉得不快乐,离幸福越来越远,而当一个人觉得幸福离自己而去时,便会想借着获取更多的物质寄托来填补。

结果,常常是拥有的越多,越觉空虚,越不快乐。在生活中,有太多微不足道的小事,一再地触动着我们,只是被我们忽略掉了,我们总以为追求幸福是件大事,结果却离幸福越来越远。

日本棒球明星野茂英雄,在美国大联盟缔造了佳绩之后,他的龙卷风式投球法才受到日本体坛的重视,成为他独树一帜的标记。

但许多人不知道当年他的这种投球姿势是不被

第 4 篇　最大的幸福就是放下

教练接受的,这让他受了许多苦,能够一路撑过来,完全是靠他对棒球的热爱。

野茂说:"要打棒球,就必须热爱棒球。"从小他就热爱棒球,但并不是那么有机会能够接受一些正规的训练,所以他只好自我钻研与研究,发展出自己的一套打球方式。虽然遭受打击,他仍坚持到底,因为他实在太爱棒球了!

你曾经热爱过什么吗?你曾经为了你热爱的人、事、物受苦吗?如果真是这样,你会就此放弃吗?

可能你并不是这么的热爱,所以你会这么轻易地就抛弃你想要的东西。如果你不想放弃,即使遇挫,你也不该放弃。你应会更加咬紧牙关度过,甚至奋力一击!

如果你真的热爱你的生命,因此挫折你都不看在眼里,勇气必会达到一种"忘我"的境界,产生一股迈向幸福的能量!

> 明白人生是场短暂的寄居,才能潇洒走一回!

每当你对工作、生活感到"烦心厌倦"时,此刻,你该做的第一个功课,打开"尘封已久"的内心橱柜,有条不紊地整理归类,该清扫抛弃的垃圾,不必留恋地

将其丢弃吧！以除旧布新的心情，迎接明天的到来。

理清头绪，明白事情的问题症结所在，洞悉每件错误烦恼的背后，必有可学习成长之处，并非要我们去执着无知的烦恼错误，而是明白其原因何在。

你若能依从上述所言达成，此时，你必可感到身心"通体疏畅"，有如，轻盈的身躯漫步在云端一般，轻松自在！此刻的你，是否已找到面对明天的幸福快乐的动机呢？

每个人对于可以帮助自己的精神动力来源不同，有些人说："爱钱，就是我努力的动力。"有些人却说："谈钱太俗气，我是为了将来的理想目标而奋发不懈的。"

无论你的用心与目的是为了什么？都应坦诚地面对自己的内心，问问自己，这么做是否可得到真正的幸福动力？

假如你的答案是否定的，别忘了修正想法，直到自己找到为止！

在内心寻找的过程中，千万别忽略了隐藏在烦恼痛苦背后的"幸福芬芳"，它将伴随着你不断地寻找

宇宙种子

即使我们是一支蜡烛，也应该「蜡炬成灰泪始干」；即使我们只是一根火柴，也要在关键时刻有一次闪耀；即使我们死后尸骨都腐烂了，也要变成磷火在荒野中燃烧。

第4篇　最大的幸福就是放下

而日益芬芳，使内心飘逸着"幸福快乐的芬多精"，陪伴你生命的每一天，成为你生命源源不绝的热情动力吧！

　　幸福的定义，并非象征十全十美的生活，而是来自内心幸福微妙的感受。

生命是真实的，生命是诚挚的，坟墓不是它的终点。

欢笑背后的酸苦

人生,无悲也无喜!

——高境大师

宇宙种子

好运时莫得意,坏运时莫哀伤,光明黑暗轮流转,终见阳光照大地!

　　在人世间,所谓最令人感到庆贺祝福之事,莫过于结婚之喜、弄璋之喜或升官发财等……

　　但是,其实我们只是看到事情的表象而已,却不知事情的真相如何?

　　目前流行娱乐界的风潮,女性艺人早已不避讳谈论"未婚生子"一事,甚至堂而皇之地说:"如果我怀孕了,一定告知观众。"一反过去,深怕受舆论批判指责的态度。

　　然而,纵观演艺圈之人,选择老公的条件,大多以外型俊俏、政商名流为首选条件,或许她们也认为这样的选择,可以为她们带来幸福,哪知一连串曝光于

第4篇　最大的幸福就是放下

媒体的家暴事件,与出轨劈腿,戳破王子与公主幸福生活的美梦,原来看似甜蜜愉悦婚姻背后,隐藏着多少不为人知的辛酸!

一般人以欢喜庆贺来迎接结婚,殊不知结婚之后,即将面对应接不暇的事,从两人的问题,延伸至两家族的事,甚至原本无关紧要的问题,如今都成为棘手难事!

婚姻中必修学分,"夫妻相处之道",有些人根本不想选修,另一些人选修了很多婚姻学分,认真且成绩优秀,但遗憾的是,最后的结果仍然"被当掉"!

看来爱情婚姻没有保证班,到底有几人可修成正果。难怪有人得了婚姻恐惧症,或干脆抱持"不婚族"。不论你是哪一族群,千万想清楚,不要独留悲伤悔恨!

有一句俗语这样说:"金钱并非万能,没钱却万万不能。"金钱的诱惑,亦如美女坐怀中,又有几人能自拔,全身而退?

层出不穷的社会新闻,披露出多少官商勾结的丑态,还有非法诈欺的不正当行业,这些人甘冒断送前途、甚至坐牢的危机,无非为了"钱"。

世事无绝对,都包含着"一体两面"。

浪费生命是做人最大的失败。

或许,换得眼前一时的侥幸快乐,终可能被排山倒海而来的巨浪所侵袭,不被吞噬者,只是九死一生在社会边缘挣扎着;不幸被淹没者,人生一败涂地。

或许值得庆幸的是,倘若惨痛的教训,能唤回内心的觉醒,虽置之死地而能重生!

巴尔扎克说:"世间没有不含些许辛酸的欢乐。"

一代喜剧大师卓别林所拍的电影主题思想——悲剧与喜剧的成分相融合的戏剧,竟是受一只被宰的羊所启发的。

在卓别林家的那条街尽头有一个屠宰场。有一天,他看见一只即将被宰割的羊经过他家门口,那只羊自知小命不保,不断地哀鸣,十分悲伤……

这时,赶羊的人停下来与路边的人聊天,小羊见机会来了,沿着大街拚地的逃跑。赶羊的人见状,慌忙地在后面追赶。只见整个街道上,有的人跟在后面帮忙拦截,有的人跑得摔了跤,再加上小羊"咩!咩!咩!"的叫声,让周围看热闹的人笑得前仰后合。

小羊虽然反应机灵,可是最后也难逃如狼似虎赶羊人的魔爪。

第4篇 最大的幸福就是放下

它眼睛里滚动着热泪,被鞭打着押赴屠宰场……

送到屠宰场时,鉴于这只小羊不老实,因此第一个被拉出来屠宰。在一声惨烈的哀嚎声中,一个生命就此结束,而刚才看热闹的笑声也嘎然而止。

而卓别林也因看见小羊在临死前,那种渴望生存的眼神,内心感受到强烈的冲击,而激发出他的戏剧创作灵感。

人生其实正如卓别林的戏剧一般,总是悲喜交杂,难以分得清。

正如卓别林观看小羊即将被屠宰的过程一样,商人为了赚钱,必须屠宰小羊,旁人抱着凑热闹的心理,看见追逐羊的滑稽的一面,令观看者开怀大笑。但是否能细心地察觉另一层面,小羊正在面临与死亡拔河的痛苦,因此一方的快乐,却造成另一方的痛苦;也唯有真正明白人世间存在的两面性,方能体会生命的真谛。

实际上,世事无绝对,都包含着"一体两面"。因此,无论在下任何决定前,应将两面的事情,思考评估清楚之后,再去执行,才不会造成"悔不当初"的遗憾!

生命用时间来计算,生命的价值用贡献来计算,从物质的消耗中谋求欢乐,才是人生真正的悲哀。

生命如梦初醒

"生命"如同是由看似虚幻又真实的梦,所铺陈出的人生境界。

宇宙种子

总在疲累的夜晚,希望能够一夜无梦,一觉到天明。常在孤寂的夜晚,希望心中欲求能够入梦,美梦到天明。

人生,仔细想来真的有如一场不知何时会停止的"梦境"。

似乎冥冥之中,有一双无形的手在掌控一切,它似乎早已编排好一切的剧本戏码,等待这一场戏剧及人物的登台上演,而我们只是根据戏码角色的演出而已……

还是,冥冥中的主宰,早已预知这场戏的过程与结果如何?而不知未来的我们,不断地怀抱着希望与梦想过日子,不断期待下一秒的惊喜灿烂……

为何冥冥中的主宰,总不愿透露一些讯息给我们知道呢?还是我们的沉迷无知,根本无法接收得到,

第4篇 最大的幸福就是放下

所传达给我们的讯息启示呢？

或许，冥冥中的主宰，不想让我们知其结果的原因是：因为，知道了结果，就会让我们对自己的生命与人生，放弃努力与奋斗的勇气，我想，这是主宰所不愿意见到的；终究，自己的人生，必须自己负责。

人生的答案，须靠自己揭开的，此乃"大自然不变的定律法则"。

说来有些神秘，伟大的科学家笛卡尔人生中最伟大的转变竟得益于一次梦的启示。

那是一六一九年十一月十日晚，忙了一天科学研究的笛卡尔极度兴奋，将近深夜，他才带着意犹未尽的心情上床入睡。

睡着后，他连续做了三个离奇而诡异的梦；首先，他梦见一群青面獠牙的鬼怪向他扑来，夹着一股妖风，他们将笛卡尔围在中间，群魔乱舞，使他无法脱身，把他吓出了一身大汗；正当他心惊胆战，手足无措时，他又梦见天空一声巨响，彷佛是惊雷一震，将整个天空都炸裂开来，把他惊醒；就在他尚未清楚发生了什么灾难的时候，他又梦见从开裂的天空中飘落一本诗集，这本诗集落在他的脚下，书面开着。

无欲无求，能好眠；无烦无忧，得自在。

宇宙种子

生命，那是自然赠给人类去雕琢的宝石。

他捡起来一看，只见上面写道："我今生要走哪条路？"

这三个梦，醒来后他仍记得清清楚楚。

他觉得这三个梦，简直启示了自己的使命："第一个梦意味着邪说横行，自己身处其间非常危险；第二个梦意味着一旦猛醒就绝不回头；第三个梦意味着自己必须走出一条正确的道路。"

或许，梦境可以毫无意义的，也可以是发人醒悟的！

梦是什么？是未来的预兆？还是潜意识的反应？在我们脑中，梦又是如何产生的？

梦发生在睡眠过程中，这几乎是人人都知道的一条生活经验。奥地利著名精神病学者和心理学家弗洛伊德曾经指出："一切梦的共同特性，第一就是睡眠。"

针对脑部做的研究，也改变了许多我们过去对睡眠的观念。我们小时候听人家说，睡觉是大脑在休息；现在我们知道，睡觉时大脑不但没有在休息，它活动得比平时还厉害。利用脑造影技术，我们可看到

第4篇　最大的幸福就是放下

睡觉的人,视觉皮质仍然活跃,显示他在做梦。

脑造影技术的原理是计算血中带氧血红素与脱氧血红素的量,脑造影技术下,亮起来的部分表示这个脑区正在工作。

从脑造影技术知道,睡觉时是身体在休息,大脑仍在工作,而且分泌许多激素,如在第四阶段脑会分泌生长激素、正肾上腺素等许多重要的神经传递物。做梦时,视觉皮质在脑造影下亮起来,显示你的梦是彩色的。

有一卷非常精彩的梦游录像带,主人公是西雅图共和党主席。有一天他去报案,说家里遭小偷,掉了两块牛排,厨房被弄得乱七八糟,但家里保全并没有警报。警员在他家装了针孔摄影机,发现此人半夜会起来,而且眼睛是张着,到厨房找东西吃,吃完还会漱口才继续睡觉。

此后这卷录像带成了睡眠研究的教学录像带,未知实情的人,看这录像带,不会认为他在梦游。梦游的人眼睛虽然睁着,但因他没有意识,所以看到的东西是不会有记忆;梦游的人也可以有简单的对话。梦

自满、自大和轻信是人生的三大暗礁。

215

宇宙种子

生命不仅可以用年月计算，有时事件也是最好的日历。

游的人可以走钢索，因为他看得到，却没有意识，不会害怕；如果此时叫醒他，他一脚软，就掉下去了。如果有人在第四阶段被叫醒，情况也如同梦游，事后一样没有记忆。

由此可知，对于在睡梦或梦游之中的"梦境"，我们时常模糊易忘，但有时却异常的深刻，彷佛来到异度空间，有一双无形的手，拉着你不断地向前，走入你的梦境，也彷佛走入你的真实人生之中……

之于"人生"，不也有如一股神秘无形的力量，牵引着我们走向"未知"，走向属于自己的生命旅程？

打开幸福人生的45把钥匙

品读生命中的真善美

附录一

01. 幸福之钥：自己正是自己最大的敌人。

02. 幸福之钥：融化心灵的冰山。

03. 幸福之钥：心静自然气顺。

04. 幸福之钥：原谅是良方，智慧是良药。

05. 幸福之钥：看重自己，自然不会产生妒嫉心。

06. 幸福之钥：真正清楚自我的人，就能去除骄傲的外衣。

07. 幸福之钥：思想决定行为，行为决定命运。

08. 幸福之钥：戴着面具过人生，你将远离真正的自我！

09. 幸福之钥：勇于表达自己的创思，并能承担未知的结果。

10. 幸福之钥：知错能了悟者，是位智慧达人。

11. 幸福之钥：能让自我的心灵世界，感到丰盈满溢，圆熟澄明，就是一种圆满的成就。

12. 幸福之钥：人生的缺口，或许正是人生的出

口。

13. 幸福之钥：沉淀心灵，打包伤痕。

14. 幸福之钥：知足，自然富足。

15. 幸福之钥：爱情，游走在变与不变的法则之中！

16. 幸福之钥：真心诚意的相爱，无需附带任何条件与理由。

17. 幸福之钥：真爱，无需任何承诺。

18. 幸福之钥：活在当下，期待未来。

19. 幸福之钥：宇宙间爱的能量，让万物永不止息。

20. 幸福之钥：美妙的情欲关系，亦如健康的饮食观。

21. 幸福之钥：适度的爱，会让对方感到温暖；过度的爱，会使对方变得软弱。

22. 幸福之钥：过多"软弱的泪水"，只会使"伤口"加速发炎溃烂，懂得处理"心灵伤口"的方法，能加速伤口的痊愈。

23. 幸福之钥：沉迷于爱情游戏之中的人，寻觅不着"爱情"的真谛。

24. 幸福之钥：心灵的归宿，无需外求，因为天堂就在眼前！

25. 幸福之钥：眼睛与耳朵不要被表象的事物执着迷惑，须知实际的真相为何。

26. 幸福之钥：心灵的净化剂，正是"智慧"。

27. 幸福之钥：助人其实是自救的行为表现！

28. 幸福之钥：拥有智慧，一切皆安然自得。

29. 幸福之钥：宇宙万物，乃清中有浊，浊中有清。

30. 幸福之钥：清楚自己，就能找到人生中所应该扮演的角色。

31. 幸福之钥：顺应环境机会的趋势而为，以突破改善人生思考作法而行。

32. 幸福之钥：学会放手，是成长的过程。

33. 幸福之钥：磨掉固执的牛角，使它不会伤人自伤！

34. 幸福之钥：聪明得太过矫滑者，易让人产生惧怕疏离感，但是一位大智慧者，会使人由心底产生对他的景仰与追随。

35. 幸福之钥：戏剧可以NG，人生的戏码无法重来！

36. 幸福之钥：失败、磨炼是心灵的导师。

37. 幸福之钥：在人生中，学会轻轻提起，轻轻放下！

38. 幸福之钥：透过不断的反观自我，使生命更加的清净自在。

39. 幸福之钥：希望到底有多大，勇气就有多少。

40. 幸福之钥：幸福的动能，使生命力源源不绝。

41. 幸福之钥：自信，是一种由内而外所展现的迷人光采。

42. 幸福之钥：曾经伤害过你的人，在未来的人生道路上，将成为你生命中的垫脚石。

43. 幸福之钥：明白人生是场短暂的寄居，才能潇洒走一回！

44. 幸福之钥：世事无绝对，都包含着"一体两面"。

45. 幸福之钥：无欲无求，能好眠；无烦无忧，得自在。

成功格言

每一个成功者都有一个开始,
勇于开始才能找到成功的路。

成功格言

01. 世界会为那些有目标和远见的人让路。
02. 造物之前，必先造人。
03. 与其临渊羡鱼，不如退而结网。
04. 若不给自己设限，则人生中就没有限制你发挥的藩篱。
05. 赚钱之道很多，但是找不到赚钱的方法，便成就不了大事业。
06. 蚁穴虽小，溃之千里。
07. 最有效的资本是我们的信誉，他 24 小时不停地为我们工作。
08. 绊脚石乃是晋升之阶。
09. 尧舜不易日月而兴，桀纣不易星辰而亡。
10. 人事为本，天道为末。
11. 你的脸是为了呈现上帝赐给人类最贵重的礼物——微笑，一定要让它成为你最宝贵的资产。

12. 以诚感人者,人亦诚而应。
13. 世上并没有用来鼓励工作努力的赏赐,所有的赏赐都只是被用来奖励工作成果的。
14. 出门走好路,出口说好话,出手做好事。
15. 旁观者的姓名永远爬不到比赛的计分板上。
16. 销售世界上最优秀的产品——不是汽车,而是自己。在你成功地把自己推销给别人之前,你必须百分之百地把自己推销给自己。
17. 即使爬到最高的山上,一次也只能脚踏实地地往前迈一步。
18. 积极思考造就积极人生,消极思考造就消极人生。
19. 人之所以有一张嘴,而有两只耳朵,原因是听的要比说的多一倍。
20. 别想一下子就造出大海,必须先由小河川开始。
21. 有志者,事竟成;破釜沉舟,百二秦关终属楚;苦心人,天不负;卧薪尝胆,三千越甲可吞吴。
22. 当你感到悲哀痛苦时,最好是去学些什么东西。学习会使你永远立于不败之地。

23. 伟人所达到并保持着的高度,并不是一蹴可就的,而是他们在同伴们都睡着的时候,一步步艰辛地向上攀爬的。

24. 世界上那些最容易的事情中,拖延时间最不费力。

25. 世界上没有绝望的处境,只有对处境绝望的人。

26. 回避现实的人,未来将更不理想。

27. 先知三日,富贵十年。

28. 怠惰是贫穷的制造厂。

29. 不为失败找理由,要为成功找方法。

30. 如果我们想要更多的玫瑰花,就必须种植更多的玫瑰树。

31. 伟人之所以伟大,是因为他与别人同处逆境时,别人失去了信心,他却下决心实现自己的目标。

32. 坚韧是成功的一大要素,只要在门上敲得够久、够大声,终会把人唤醒的。

33. 夫妇一条心,泥土变黄金。

34. 一个有信念者所开发出的力量,大于九十九个只有兴趣者。

35. 忍耐力比脑力,犹胜一筹。

36. 环境不会改变,解决之道在于改变自己。

37. 两粒种子,一片森林。

38. 每一发奋努力的背后,必有加倍的赏赐。

39. 未曾失败的人恐怕也未曾成功过。

40. 大多数人想要改造这个世界,却鲜少有人想要改造自己。

41. 如果你希望成功,便须以恒心为良友,以经验为参谋,以小心为兄弟,以希望为哨兵。

42. 人生伟业的建立,不在能知,而在能行。

43. 人之所以能,是相信"能"。

44. 没有血水与汗水,就没有成功的泪水。

45. 挫折其实就是迈向成功所应缴的学费。

46. 任何的限制,都是从自己的内心开始的。

47. 忘掉失败,不过要牢记失败中的教训。

48. 不是境况造就人,而是人造就境况。

49. 只要路是对的,就不怕路远。

50. 一滴蜂蜜比一加仑胆汁能够捕到更多的苍

蝇。

51. 真心地对别人付出关怀,是推销员最重要的品格。

52. 自古成功在于不断尝试。

53. 一个能从别人的观念来看事情、能了解别人心灵活动的人,永远不必为自己的前途担心。

54. 当一个人先从自己的内心开始奋斗,他就是个有价值的人。

55. 推销产品要针对顾客的内心,不要针对顾客的外表。

56. 生命对某些人来说是美丽的,这些人的一生都为某个目标而奋斗。

57. 没有人富有得可以不要别人的帮助,也没有人穷得不能在某方面给他人帮助。

58. 如果寒暄只是打个招呼就了事的话,那与猴子的叫声有什么不同呢?事实上,最适当的寒暄必须在短短一句话中明显地表露出你对他的关怀。

59. 昨晚多几分钟的准备,今天就少几小时的麻烦。

60. 学会拿望远镜看别人，拿放大镜看自己。

61. 事实上，成功仅代表了你工作的1%，工作中有99%失败的结果。

62. 不要等待机会，而要创造机会。

63. 成功的法则极为简单，但简单并不代表容易。

64. 凡真心尝试助人者，没有不帮到自己的。

65. 积极者相信只有推动自己才能推动世界，只要推动自己就能推动世界。

66. 每一日你所付出的代价都比前一日高，因为你的生命又消短了一天，所以每一日你都要更积极。今天太宝贵，不应该为酸苦的忧郁和苦涩的悔恨所消蚀，抬起下巴，抓住今天，它将不再回来。

67. 一个人最大的损失是绝望，最大的资产是希望。

68. 行动是成功的阶梯，行动越多，登得越高。

69. 环境永远不会十全十美，消极的人受环境控制，积极的人却控制环境。

70. 做对的事情比把事情做对重要。

71. "人"的结构就是相互支撑,"众"人的事业需要每个人的参与。

72. 竞争颇似打网球,与球技胜过你的对手比赛,可以提高你的水平。

73. 只有不断找寻机会的人才能及时把握机会。

74. 你可以选择这样的"三心二意":信心、恒心、决心;创意、乐意。

75. 无论才能、知识多么卓著,如果缺乏热情,则无异在纸上画饼充饥,于事无补。

76. 使用双手的是劳工,使用双手和头脑的是舵手,使用双手、头脑与心灵的是艺术家,只有使用双手、头脑、心灵再加上双脚的才是推销员。

77. 如同磁铁吸引四周的铁粉,热情也能吸引周围的人,改变周围的情况。

78. 网络事业创造了富裕,又延续了平等。

79. 没有天生的信心,只有不断培养的信心。

80. 顾客后还有顾客,服务的开始才是销售的开始。

81. 忍别人所不能忍的痛，吃别人所不能吃的苦，是为了获得别人得不到的收获。

82. 未遭拒绝的成功绝不会长久。

83. 外在压力增加时，就应增强内在的动力。

84. 股票有涨有跌，然而打着信心标志的股票将使你永涨不跌。

85. 每天早上醒来，你最大的资产是24小时——你生命中尚未制造的材料。

86. 如果要挖井，就要挖到出水为止。

87. 成功绝不喜欢会见懒惰的人，而是唤醒懒惰的人。

88. 做的技艺来自做的过程。

89. 成功的信念在人脑中的作用就如闹钟，会在你需要时将你唤醒。

90. 伟大的事业不是靠力气、速度和身体的敏捷完成的，而是靠性格、意志和知识的力量完成的。

91. 知识给人重量，成就给人光彩，大多数人只是看到了光彩，而不去秤重量。

92. "稳妥"之船从未能从岸边离开。

93. 为明天做准备的最好方法就是集中你所有的智慧、所有的热忱，把今天的工作做得尽善尽美，这就是你能应付未来的唯一方法。

94. 如果我们都去做自己能力做得到的事，我们绝对会让自己大吃一惊。

95. 失去金钱的人损失甚少，失去健康的人损失极大，失去勇气的人损失一切。

96. 在真实的生命里，每番伟业都由信心开始，并由信心跨出第一步。

97. 要冒险！整个生命就是一场冒险，走得最远的常是愿意去做、愿意去冒险的人。

98. 最重要的就是不要去看远方模糊的幻象，而要做手边清楚的事。

99. 一个人除非自己有信心，否则无法带给别人信心。

100. 障碍与失败，是通往成功最稳靠的踏脚石，肯研究、利用它们，便能从失败中培养出成功。

101. 让我们将事前的忧虑，换为事前的思考和计划吧！

102. 好的想法一分钱一打,真正无价的是能够实现这些想法人。

103. 智者一切求自己,愚者一切求他人。

104. 人格完善是本,财富的确立是末。

105. 金钱损失还能挽回,一旦失去了信誉就很难挽回。

106. 任何业绩的质变都来自于量变的累积。

107. 平凡的脚步也可以走完伟大的行程。

108. 嘲讽是一种力量,消极的力量。赞扬也是一种力量,但却是积极的力量。

109. 诚心诚意,"诚"字的另一半就是成功。

110. 领导的速度决定团队的效率。

111. 成功呈机率分布,关键是你能不能坚持到成功开始呈现的那一刻。

112. 成功与不成功之间有时距离很短——只要后者再向前几步。

113. 空想会想出很多绝妙的主意,但却办不成任何事情。

114. 高峰只对攀登它而不是仰望它的人来说才有真正的意义。

115. 贫穷是不需要计划的,致富才需一个周密的计划,并去实践它。

116. 没有一种不经由轻视、忍受和奋斗就可以征服的命运。

117. 当一个小小的心念变成行为时,便会养成习惯,从而形成性格,而性格就决定你一生的成败。

118. 自己打败自己的,远多于被别人打败的。

119. 如果我们做与不做都会有人笑,如果做不好与做得好还是会有人笑,那么我们索性就做得更好,来给人笑吧!

120. 这个世界并不是掌握在那些嘲笑者的手中,而恰恰掌握在能够经受得住嘲笑与批评而不断往前走的人手中。

121. 成功需要成本,时间也是一种成本,对时间的珍惜就是对成本的节约。

122. 行动是治愈恐惧的良药,而犹豫、拖延将不断滋养恐惧。

123. 投资知识是明智的,投资网络中的知识就更加明智。

124. 销售是从被别人拒绝开始的。

125. 好咖啡要和朋友一起品尝，好机会也要和朋友一起分享。

126. 生命之灯因热情而点燃，生命之舟因拚搏而前行。

127. 拥有梦想只是一种智力，实现梦想才是一种能力。

128. 只有一条路不能选择——那就是放弃的路；只有一条路不能拒绝——那就是成长的路。

129. 人的才华就如海绵吸水，没有外力的挤压，水是绝对流不出来的。流出来后，海绵才能吸收新的泉源。

130. 只要是我们能梦想的，我们就能实现。

131. 只有千锤百炼，才能成为好钢。

132. 肉体是精神居住的花园，意志则是这个花园的园丁。意志既能使肉体"贫瘠"下去，又能用勤劳使它"肥沃"起来。

133. 一个人几乎可以在任何他怀有无限热忱的事情上成功。

134. 坚定的信念会吸引坚强的人，然后又使他们更坚强。

135. 失败是什么？没有什么，只是更走近成功一步；成功是什么？就是走过了所有通向失败的路，只剩下一条路，那就是成功的路。

136. 在世界的历史中，每一伟大而高贵的时刻都是某种热忱的胜利。

137. 没有热忱，世界便不会进步。

138. 没有什么事情有像热忱这般具有感染力，它能感动顽石，它是真诚的精髓。

139. 目标的坚定是性格中最重要的力量来源之一，也是成功的利器之一。没有它，天才也会在矛盾不定的迷途中徒劳无功。

140. 如果不想做点事情，就别想到达这个世界上的任何地方。

141. 没有哪种教育能及得上逆境。

142. 相信就是强大，怀疑只会抑制能力，而信仰就是力量。

143. 那些尝试去做某件事却失败的人，比那些什么也不尝试却成功的人不知要好上多少。

144. 害怕自己受苦的人，已经因为自己的恐惧在受苦。

145. 人性中最可怜的就是：我们总是梦想着天边的一座美妙的玫瑰园，而不去欣赏今天就开在我们窗前的玫瑰。

146. 征服恐惧、建立自信的最快最切实的方法，就是去做你最害怕的事，直到你获得成功的经验。

147. 行动不一定带来快乐，但不行动就一定不会快乐。

148. 世界上最重要的事，不在于我们在何处，而在于我们朝着什么方向走。

149. 对于最有能力的领航人，风浪总是格外地汹涌。

150. 不要问别人为你做了什么，而要问你为别人做了什么。

151. 成功不是将来才有的，而是从决定去做的那一刻起，持续累积而成的。

152. 你一天的爱心可带来别人一生的感谢。

153. 山不辞土，故能成其高；海不辞水，故能成其深！

154. 用行动祈祷比用言语更能够使上帝了解。

155. 成功的人是跟别人学习经验,失败的人只跟自己学习经验。

156. 很多事是先天注定,那是"命";但你可以决定怎么面对,那是"运"!

157. 在你不害怕的时候去斗牛,这不算什么;在你害怕时不去斗牛,也没有什么了不起;只有在你害怕时还去斗牛才是真正的了不起。

158. 再长的路,一步步也能走完,再短的路,不迈开双脚也无法到达。

159. 有志者自有千计万计,无志者自感千难万难。

160. 不大可能的事也许今天实现,根本不可能的事也许明天就会实现。

161. 我成功因为我志在成功!

162. 再冷的石头,坐上三年也会暖。

163. 人的非理性就好像一面不平的镜子,由于不规则地接受光线,因而把事物的性质和自己的性质搅混在一起,使事物的性质受到了歪曲,改变了颜色。

164. 哪里有思想,哪里就有力量。

165. 聪慧的人常说的四个字是:"我不知道。"

166. 聪明与智慧的区别:前者只能看到事物的表象,而后者却可以洞察事物的内涵。

167. 健康是智能的条件,是愉快的标志。

168. 每个人都是自己行为的孩子。

169. 我的座右铭:我什么也不要。

170. 星星早就消失了,但是庸碌的人们仍然看见它们闪着亮光。

171. 在还没死亡之前,就不能算是完全诞生。

172. 没有一个没有理智的人,能够接受理智。

173. 人的天职是什么?答案很简单:做自己。

174. 当你背向太阳的时候,你只看到自己的影子。

175. 人在智慧上应当是明豁的,道德上应该是清白的,身体上应该是洁净的。

176. 人并不是因为美丽才可爱,而是因为可爱才美丽。

177. 聪明人永远不拒绝需要的东西。

178. 傻瓜和聪明人都是同样无害的。最危险的

是半傻不傻和半聪明不聪明的。

179. 崇高的人和愚蠢的人之间，不过是一步之差。

180. 人生如梦，我们醒而睡着，睡而醒着。

181. 在人生中最难的是"选择"。

182. 不要在怀疑与恐惧中浪费生命。

183. 知识，百科全书可以代替，可是新思想、新方案，却是任何东西也代替不了的。

184. 科学地探求真理，我们的理智永远不要去狂热地坚持某种假设。

185. 思索，不愿意钻研和深入理解，自满或满足于微不足道的知识，都是智力贫乏的原因。这种贫乏用一个词称呼，就是"愚蠢"。

186. 怀疑一切与信任一切是同样的错误，能权衡其中方为正道。

187. "思考"应当走到众人前面去，"愿望"不妨留在后面。

188. 一次深思熟虑，胜过百次草率行动。

189. 理智是人的最高天赋，是人本质上不同于低级动物的特征。

190. 理智的人是努力适应这个世界；不理智的人却硬要世界适应自己。
191. 忧患始于思考。
192. 凡善于考虑的人，一定是能根据其思考而追求可能通过行动取得最有益于人类东西的人。
193. 理智是一颗冷酷的太阳，它放射光明，可是教人眼花，看不见东西。在这种没有水分与阴影的光明底下,心灵会褪色,血会干枯的。
194. 理智可以说是生命的光和灯。
195. 有才能却不善思索的人，必定以悲剧收场。
196. 智力可以摆脱命运的操弄，只要一个人在思考,他就是自主的。
197. 人凭借思考就能变成神。
198. 让我们试着遵循理智吧,它是可靠的向导。
199. 没有理智就绝不会有理性的生活。
200. 一个有思想的人才是一个真正无拘无束的人。
201. 思考是人类最大的乐趣之一。
202. 没有理智的支配,任何事物都不会持久。

203. 理智是一切力量中最强大的力量。

204. 聪明人不注意自己不可能得到的东西,也不会为它们烦恼。

205. 愚蠢的行动,会使人陷于贫困;配合时机的行动,却能令人致富。

206. 成功的脑子像钻子一样——会把力量集中到一点上。

207. 愚人常因把困难看得太容易而失败,智者常因把容易看得太困难而一事无成。

208. 聪明的蠢才就是这样的没有自知之明,自以为名满天下,恍然大悟时方才知道自己的无知。

209. 不知道自己的无知,乃是双倍的无知。

210. 不要企图无所不知,否则你将一无所知。人在异常兴奋之时,往往会唠唠叨叨,而且还会慧语连篇,甚至妙趣横生。

211. 科学的自负比起无知的自负来,还只能算是谦虚。

212. 我们对待任何问题,都必须坚持"知之为知之,不知为不知"的态度。

213. 我们可以在幽默的背后找到真理。
214. 每个人都以为自己很聪明,于是就做出了傻事。
215. 愚昧是傲慢掀起的浪花。
216. 索取,只有一件事是做越多越好,那就是读书。
217. 知识是勤奋的影子,汗珠是勤奋的镜子。
218. 海绵就算拥有足够的水分,也绝不会挺起肚子,来显示自己的富有。
219. 只有时刻把记忆的网张开,才能捕到知识的猎物。
220. 浅薄的人容易骄傲,无知的人容易狂妄。
221. 智者支配环境,无能者受制于环境。
222. 经历是至理名言的母亲,而思索则是它的产婆。
223. 无知的芳龄,不是真正的青春。
224. 山鹰绝不会把巢穴构筑在屋檐下。
225. 智慧的花朵,常常开在痛苦思索的枝头上。
226. 智者不认为自己比别人聪明,愚者永远把自己的判断看成万无一失。

227. 如果心术不正，足智多谋就成了可怕的东西。

228. 智慧是珠，实践是线，要想珠成串，不能断了线。

229. 愚蠢总是在舌头跑得比头脑快时产生的。

230. 生命之舟要扬帆远航，离不开智慧的橹。

231. 蔷薇常在荆棘中生长。

232. 灵魂的伟大与其说在于爬得高和走得远，不如说在于懂得如何去改变和控制自己。

233. 真正的伟人从不自视甚高。

234. 灵魂里也有一群破坏分子，那就是摧毁我们道德的邪念。

235. 君子有三患：未闻之患不得闻；既得闻之患不得学；既得学之患不能行。

236. 美色只能吸引人们的目光，功德却能打动人们的心灵。

237. 夫居之行，静以修身，俭以养德，非淡泊无以明志，非宁静无以致远。

238. 一个离开正常生活越远越久的人，就越会觉得自己目前的坏行为是一种聪明的进步,而把正常生活着的人们看为落伍或迂腐。

239. 闻义贵能徒,见贤思与齐。

240. 兰生于幽谷,不为莫服而不芳;舟行在江海,不为莫乘而不浮;君子行义,不为莫知而止休。

241. 灵与肉的无限距离可以象征从精神到仁爱的无穷遥远,因为仁爱是超自然的。

242. 朴素而天下莫能与之争美。

243. 善就是肯定生命,展现人的力量;恶就是削弱人的力量。

244. 崇高的、山峰般崇高的德行,它可以巍然独存,正视太阳的光辉,像阿尔卑斯的雪峰,它不朽而纯洁地凌驾一切。

245. 其实善是每一个人的心灵所追求的,是每个人作为他一切行为的目的。

246. 只有促使人以高尚的方式相爱的那种爱神才值得尊敬,才值得颂扬。

247. 神赋予我们恶的同时,也给了我们征服恶的武器。

248. 相信别人的善性,并不是否定自己的善性。

249. 善良和谦虚是永远不会令人厌恶的两种品德。

250. 我要锻炼我的灵魂,甚于去装饰它。

251. 良心是灵魂的声音,欲念是肉体的声音。

252. 灵魂没有确定的目标,它就会丧失自己,因为俗语说得好,无所不在等于无所在。

253. 洁白的良心是一个温柔的枕头。

254. 生命短暂,只有美德能将它传到遥远的后世。

255. 灵魂不是一个要装满的瓶子,而是一个要生火的灶。

256. 一个人的真正伟大之处,就在于他能够意识到自己的渺小。

257. 情是生命的灵魂——没有情的灵魂是不可能存在的,正如音乐不能没有表情一样。这种东西给我们以内心的温暖活力,使我们能快乐地去面对人生。

258. 美德之于灵魂,犹如健康之于身体。

259. 美德即是灵魂上的健康。

260. 没有一个善良的灵魂就没有美德可言,从每一样事物都可以发现这样的灵魂——人们不需要躲避它。

261. "忍"字当头就可征服一切命运。

262. 忍耐加和蔼就是力量。

263. 一切力量,要没有平衡的势力,没有阻碍而任它自由发挥的话,都会走上漫无限制与疯狂的路。

264. 心中的念头像潮涌一样的人,永远射不中目标,达不到目的,因一个念头会抵销了另一个念头。

265. 以自己本来面目出现的人和有自己特点的人才是伟大的人。

266. 科学虽没有国界,但是学者却有它自己的国家。

267. 虚荣的人注视着自己的名字,光荣的人注视着国家的事业。

268. 爱国主义就是对自己国家的一种最深厚的感情。

269. 应该让别人的生活因为有了你的存在而更

加美好。

270. 人如果没有理想的鼓舞，就会变得空虚而渺小。

271. 每个人都有一定的理想，这种理想决定着他的努力和判断的方向。就在这个意义上，我从来不把安逸和快乐看作生活的目的。

272. 科学技术是生产力,而且是第一生产力。

273. 你热爱生命吗?那么别浪费时间,因为时间是组成生命的材料。

274. 把活着的每一天看作是生命的最后一天,也许是真的最后一天。

275. 在今天和明天之间,有一段很长的时间;趁你还有精神的时候,学习迅速地把事情做好。

276. 莫等闲,白了少年头,空悲切。

277. 盛年不重来,一日难再晨。及时当勉励,岁月不待人。

278. 一年之计在于春,一年之计在于晨。

279. 不学自知,不问自晓,从古至今,未之有也。

280. 业精于勤而荒于嬉,行成于思而毁于随。

281. 天才就是无止境刻苦勤奋的能力。

282. 聪明出于勤奋,天才在于累积。

283. 形成天才的决定因素应该是勤奋。

284. 人的大脑和肢体一样,多用则灵,不用则废。

285. 你想成为幸福的人吗?首先你得先学会吃苦。

286. 灵感不过是"顽强的劳动而获得的奖赏"。

287. 成功等于艰苦劳动、正确方法,少说空话。

288. 贵有恒何必三更眠五更起,最无益只怕一日曝十日寒。

289. 不经历风雨,怎能看见彩虹。

290. 宝剑锋从磨砺出,梅花香自苦寒来。

291. 自古以来学有所成的人,都离不开一个"苦"字。

292. 天才就是百分之九十九的汗水和百分之一的灵感。

293. 艺术的大道上荆棘丛生,这是好事,但常人望之却步,只有意志坚强的人例外。

294. 国家的未来在我们身上,我们的未来在我们手中。

295. 我们应该有恒心,尤其要有自信心。

296. 自由不是无限制的自由,自由是一种能做法律许可的任何事的权利。

297. 纪律是自由的必备条件。

298. 个人的自由,以不侵犯他人的自由为自由。

299. 不能约束自己的人,不能称之为自由的人。

300. 知识本身并没有告诉人们怎样运用它,运用的方法乃在书本之外。

301. 生活是知识的泉源,是作文题材的宝库。

302. 读一本好书,就像是和许多高尚的人谈话一样。

303. 知识有如人体血液一样宝贵。人缺了血液,身体就会衰弱;人缺少了知识,头脑就要枯竭。

304. 我爱我师,我更爱真理。

305. 茶也醉人何必酒,书能香我不需花。

306. 人不可像野兽那样活着,应该追求知识和美德。

307. 勿以善小而不为,勿以恶小而为之。

308. 不会宽容人的人，是不配受到别人的宽容的。

309. 益者三友：友直、友谅、友多闻。

310. 友谊要用真诚去播种，用热情去浇灌，用原则去培养，用理解去护理。

311. 世间最美好的东西，莫过于有几个头脑和心地都很正直、光明的朋友。

312. 坚持就是胜利。

313. 不怕慢，就怕站；站一站，二里半。

314. 如果你希望成功，就以恒心为良友，以经验为参谋，以谨慎为兄弟吧。

315. 成功之花，人们往往惊羡它现实的明艳，然而当初，它的芽儿却浸透了奋斗的泪水，洒满了牺牲的血雨。

316. 我一生所主张的，就是生活，对人们必须抱持积极的态度。

317. 当你觉得所有人都需要你的时候，这种感情就会使你有旺盛的精力。

318. 有所作为是"生活中的最高境界"。

319. 敢作敢当是男人的一种高贵气质。

320. 能挑千担,不挑九百九。

321. 到处嗅来嗅去的狗总是能找到骨头。

322. 水往下流,人争上游。

323. 人争气,火争焰。

324. 菜能吃,糖能吃,气不能吃;吃能让,穿能让,理不能让。

325. 日食三餐,夜眠一榻。

326. 三饱一倒,长生不老。

327. 做一天和尚撞一天钟。

328. 别让"消沉"在你心上占有一席之地;别让"懦弱"出现在你的嘴边;别让"倦色"爬上你额前。

329. 没有追求的人很快便会消沉。哪怕只有不足挂齿的追求也总比没有好。

330. 世界上没有一匹这样的马,它可以驮着你逃开自己。

331. 混日子的生活只是等死而已。

332. 没有目标的生活,犹如没有舵的船。

333. 生活而无目标,犹如航海而无指南针。

334. 生活中缺乏明确的世界观,生活就变成了一种负担。

335. 生活不是打发日子。

336. 为生活而饮食,勿为饮食而生活。

337. 用人者,取人之常,避人之短;教人者,成人之长,去人之短也。

338. 不以小恶掩大善,不以众短弃一长。

339. 小善不足以掩众恶,小疵不足以妨大美。

340. 熟知别人长处,他的身后追随着千百个群众。

341. 绳子总断在细处。

342. 一条铁链的坚固程度决定于它最弱的一个环节。

343. 滴水之恩,涌泉以报。

344. 自己不能胜任的事情,切勿轻易答应别人,一旦答应了别人,就必须实践自己的谎言。

345. 君子在下位则多谤,在上位则多誉;小人在下位则多誉,在上位则多谤。

346. 你若要喜爱你自己的价值,你就得为世界创造价值。

347. 君子赠人以言,庶人赠人以财。

348. 如果我们想交朋友，就得先为别人做些事——那些需要花时间、体力、心力才能做到的事。

349. 共同的事业，一起的奋争，可以使人们产生忍受一切力量。

350. 人，只要有一种信念，有所追求，什么艰苦都能忍受，什么环境也都能适应。

351. 理想的人物不仅要在物质需要的满足上，还要在精神志趣的满足上得到表现。

352. 一个能思想的人，才是一个有力量的人。

353. 我们以人们的目的来判断人的活动。目的伟大，活动才可以说是伟大的。

354. 毫无理想而又优柔寡断是一种可悲的心理。

355. 生活的理想，就是为了理想的生活。

356. 壮心未与年俱老，死去犹能做鬼雄。

357. 立志者，为学之心也；为学者，立志之事也。

358. 贫不足耻，可耻是贫而无志。

359. 大鹏一日同风起，扶摇直上九万里。

360. 古之立大事者，不惟有超世之才，亦必有坚忍不拔之志。

361. 学将有日思无日，莫待无时思有时。

362. 不图今年竹,但图来年笙。

363. 冬不废葛,夏不废裘。

364. 长绳放远鹞。

365. 百年寿限不能有,百年计划不可无。

366. 今天倒霉的人,也许明天走运,所以一个精明的人总是会给未来留下余地的。

367. 丧失远见的人不是那些没有达到目标的人们,而往往是从目标旁溜过去的人们。

368. 君子务知大者远者,小人务知小者近者。

369. 以近知远,以一知万,以征之明。

370. 德不优者,不能怀远;才不大者,不能博见。

371. 不畏浮云遮望眼,自缘身在最高层。

372. 欲穷千里目,更上一层楼。

373. 一个人如果认为自己在可以一生中能做出一番不同寻常的大事,就比没有远大理想的可怜虫,有着更多的成功的机会。

374. 预见到危险,就避免了一半。

375. 没有远见,谈不上领导。

376. 预见是一种梦境，事件把我们从这梦境中唤醒。

377. 人生就像下棋一样，能聪明地预见的人才能获胜。

378. 事情一开始，就要想它的结局。

379. 人有前后眼，富贵一千年。

380. 人没有前后眼，办事如何周全？

381. 诚实和勤勉，应该成为你永久的伴侣。

382. 勤能补拙是良训，一分辛劳一分才。

383. 人的思想是了不起的，只要专注于某项事业，那就一定会做出使自己感到吃惊的成绩来。

384. 明者远见于未萌，而智者避危于无形。

385. 请教算命先生的人，无意中丧失了自己内心对于即将发生的事情的预感，这种预感要比算命先生的预言准确一千倍。

386. 老鼠的目光总是盯在麦粒上。

387. 鼠目寸光。

388. 望着脚趾走路的人，是走不远的。

389. 人无远虑，必有近忧。

390. 人无远见,安身不牢。

391. 谁不向前看,谁就会面临许多的困难。

392. 老鼠以为没有比猫更凶的野兽。

393. 站着跳,跳不远;蹲着望,望不远。

394. 蚂蚁爬上了牛角尖,高兴地说:"我爬上了高山。"

395. 愚蠢是虚荣心的影子。

396. 每个人的虚荣心皆和他的愚蠢相等。

397. 一时的虚荣能毁掉一生的功名。

398. 锅里有,碗里才有。

399. 一花独放不是春,万紫千红春满园。

400. 微观是喜,宏观是忧。

401. 从脚趾可以认出狮子,从耳朵可以识别驴子。

402. 生活中没有困难,未免过于平淡。

403. 老天爷把一种魅力隐藏在困难的事业中,只有敢于尽力克服困难的人才能意识到这种魅力。

404. 生活喜欢攀登上坡路,脚印只有在高峰才显得明亮。

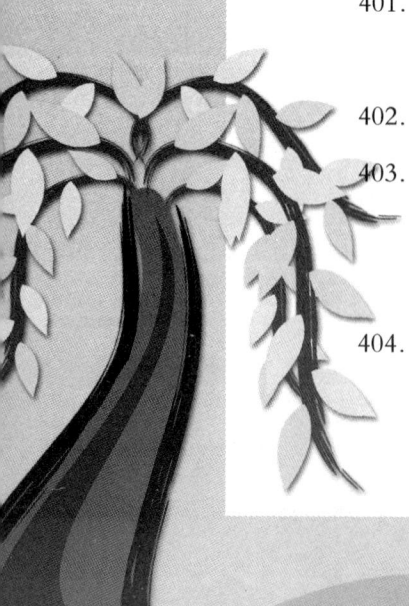

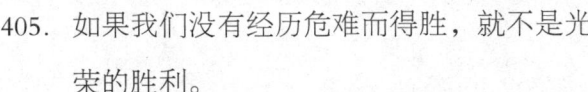

405. 如果我们没有经历危难而得胜,就不是光荣的胜利。

406. 太如意的生活便是平凡的生活,太容易获得的东西便不是贵重的东西。

407. 好事尽从难处得,少年莫向易中倾。

408. 若将容易得,便作等闲看。

409. 轻而易举得来的东西,最容易失去。

410. 本领是从困难中学会的。

411. 没有困难就没有智慧。

412. 困难是人的教科书。

413. 逃避困难,就是决断力的丧失。

414. 一个人如果没有遇到任何阻碍,便将永远保持其满足和平庸的状态,那么他将既愚蠢又胡涂,像母牛一样地怡然自得。

415. 涂改和难产是天才的标志。

416. 最宽阔平坦的道路是你已经走过的道路。

417. 懦夫把困难当成沉重的包袱,勇士把困难当作前进的阶梯。

418. 崎岖石径磨不破脚底的老茧。

419. 哪里有困难,哪里就有力量。

420. 有困难的地方就有力量,有自由的地方就有知识。
421. 想要摘玫瑰,就得不怕刺。
422. 艰难使你得到锻炼。
423. 想要捉大鱼,不能怕水深。
424. 最困难之时,就是我们离成功不远之日。
425. 害怕攀登高峰的人,只能永远在洼谷底徘徊。
426. 擒龙要下海,打虎要上山。